Klaus Kühlwein

Schöpfung ohne Sinn?

Gott und das Leid

Patmos

Für Anna-Joy

Die Deutsche Bibliothek verzeichnet diese Publikation in der Deutschen Nationalbibliografie; detaillierte bibliografische Daten sind im Internet über http://dnb.ddb.de abrufbar.

© 2003 Patmos Verlag GmbH & Co. KG, Düsseldorf
Alle Rechte vorbehalten
Umschlag: Käthe Kollwitz, Klage, 1938, © VG Bild-Kunst, Bonn 2003
Umschlaggestaltung: Groothuis, Lohfert, Consorten (glcons.de)
Satz: Heinrich Fanslau, Communication/EDV, Düsseldorf
Druck und Bindung: Bercker Graphischer Betrieb, Kevelaer
ISBN 3-491-77053-X
www.patmos.de

Inhalt

WARUM SO VIEL LEID?

Können Sie sich Gott in einem Gerichtssaal auf der Anklagebank vorstellen? Ich meine keinen literarisch erdachten Ge-
richtshof, sondern ein ganz normales Gericht, wie es aber-
tausende auf der Welt gibt. Unfug, werden Sie sagen? Nicht so
schnell! Auf meinem Schreibtisch liegt eine Zeitungsnotiz, die
mir vor einiger Zeit in die Hände fiel. In großen Lettern prangt
die Überschrift: GOTT SOLL VOR GERICHT.

Da wird von einer Miss Betty Penrose berichtet, die 1969
irgendwo in den USA – wo sonst – eine konkrete Prozessan-
klage gegen Gott selbst anstrengte. Sie schaltete einen Anwalt
ein, der die Sache fest entschlossen auf den Weg brachte. Clever
beantragte er die Vorladung Gottes. Da dieser Vertreter irdischen Rechts so gut wie Sie und ich davon ausging, dass es Gott
sicher vorziehen wird, im Himmel zu bleiben, hoffte er den
Prozess zu gewinnen. In Abwesenheit und ganz ohne anwalt-
liche Verteidigung könne es für Gott nicht gut ausgehen.

Was der liebe Gott Schlimmes verbrochen habe, ist rasch erzählt: An einem Augusttag hatte sich in Phönix über dem Anwesen
von Miss Penrose ein Gewitter zusammengebraut. Blitze sausten
nieder und einer davon fuhr mit voller Wucht ins Haus. Es brannte
restlos nieder und hinterließ nur einen schwelenden Trümmer-
haufen. Als sich die Panik bei Miss Penrose gelegt hatte, stieg Zorn
in ihr auf. Wütend war sie nicht auf die sonst vielgescholtenen
Wetterfrösche, wütend war sie auch nicht auf sich, weil sie vielleicht am Blitzableiter gespart hatte – wütend war sie auf niemand
Geringeren als den Weltenlenker höchstpersönlich: Gott. Er sei
schließlich für Unterhalt und Betrieb des Universums verantwortlich, samt aller Wettererscheinungen über jeden Teil der Erde,
selbstverständlich auch über Arizona und Phönix. Zur Unglücks-
zeit habe Gott fahrlässig und pflichtverletzend gehandelt, heißt
es schroff in der Anklageschrift. Neben der Entschädigung des

7

Sachschadens verlangte Miss Penrose außerdem himmlisches Schmerzensgeld für den Schock des Einschlages und den Schrecken des Brandes. Denn Gott habe seine Untat »in vollem Wissen und mit böser Absicht begangen«, so ihr Vorwurf.

Lege ich diese Zeitungsmeldung Teilnehmern theologischer Kurse vor, ist ungläubiges Staunen noch die schwächste Reaktion. Die Skala reicht von allgemeiner Entrüstung, über spöttisches Gelächter bis zum Vorschlag, die gute Betty Penrose in eine Psychiatrie einzuweisen. Bringe ich gewisses Verständnis für die Frau auf, will mir kaum jemand beipflichten. Der Anlass und das Vorgehen seien doch ziemlich »idiotisch«, sicherlich absurd, wenigstens aber geschäftstüchtig.

Ich weiß nicht, wie die Sache letztlich ausgegangen ist.[1] Vermutlich hat der Richter die beispiellose Klage abgewiesen und den Prozess erst gar nicht eröffnet. Schade! Es wäre eine Chance besonderer Art gewesen. Nicht wegen einer skurrilen Publicity-Show, sondern um die Gelegenheit zu nutzen, auf öffentlichem Forum das tragische Problem der Gott-Leid-Frage aktuell zu debattieren. Anwälte hätten um rechtliche oder moralische Schuld gestritten und von theologischen Gutachtern wäre Klartext gefordert worden. Ob am Ende Betty Penrose Recht bekommen hätte mit Anspruch auf Schadenersatz, wage ich nicht vorauszusagen. Ich denke, unter den vielen Kirchen in den USA – oder unter prominenten Fernsehpredigern – hätten umgehend welche angeboten, die Gottesschuld stellvertretend zu zahlen. Eine pfiffige PR-Aktion wäre es allemal geworden.

Ist der Schritt von Miss Penrose einfach nur schrullig? – oder doch geschäftstüchtig? – oder schlicht unverschämt? Zumindest in einem Punkt hat die Dame völlig Recht: Die Welt, das ganze Universum – und alles, was davon abhängt – ist Gottes Schöpfung. Doch welche »Schuld« kann man ihm deswegen anlasten? Vielleicht eine, die nicht in Dollar oder Euro zu begleichen ist, aber moralisch?

Gott ist allmächtig, so wird es uns in der Bibel versichert. Kein Spatz falle vom Dach ohne seinen Willen. Derselbe Wille vollbringt Wundertaten, lässt Naturerscheinungen kommen und gehen, baut Reiche auf und stürzt sie wieder, und ... und ... und. Gott ist auch gut und barmherzig, ja er ist die Liebe – so steht es ebenfalls in der Bibel. Er hütet uns und die gesamte Schöpfung wie ein treu sorgender Vater, wie eine liebende Mutter.

Doch wo ist Gott, wenn es brenzlig wird? Warum greift er nicht ein in der größten Not? Was Betty Penrose getroffen hat, ist für sie schlimm genug. Vor dem gigantisch aufgetürmten Verderben entfesselter Naturgewalten jedoch, ist es nur ein Nadelstich. Unnennbar und unzählbar wird das Leid, wenn Seuchen, Hungersnöte und andere furchtbare Heimsuchungen zum unersättlichen Todesdämon werden, wenn bebende Erde Mensch und Tier begräbt und schreckliche Verwüstungen anrichtet, wenn Fluten hereinbrechen, die alles Leben wahllos verschlingen und blindlings Existenzen zerstören – wie erst jüngst bei der Jahrhundertflut im August 2002 in Österreich, Tschechien und Ostdeutschland. Selbst wenn verheerende Unglücke zum größten Teil auf das Konto menschlicher Arroganz und Borniertheit, Gewinnsucht und Augen-zu-Taktik oder »nur« Narretei und Dummheit gebucht werden müssen, bleibt ein bitterer Nebengeschmack. Warum kann die Natur so schrecklich und blindlings zurückschlagen, warum hat Gott das so eingerichtet?

Das maßlose Leiden der Kinder kann dabei die Qual bis zum Irrsinn steigern. Angesichts solch willkürlichen Unheils bis hin zu den »Unschuldigsten« will jede Rede von Gottes guter Vorsehung schon auf der Zunge stocken. Eine junge Mutter empörte sich aufgebracht in einem Gespräch: »Wissen Sie, wenn uns Erwachsene eine furchtbare Krankheit trifft, kann ich das noch halbwegs akzeptieren. Vielleicht haben wir es irgendwie ›verdient‹ oder selbst Schuld daran, zumindest aber können wir damit besser umgehen als kleine Kinder. Kriegt eines dieser Würmer jedoch eine teuflische Krankheit wie z. B. Krebs, hört bei mir jedes Verständnis für den Alten Herrn dort oben auf. Was um Himmels willen soll das? Niemand kann mir da mit frommen Sprüchen kommen wie: Der Herrgott hat es so gewollt; er weiß, was er tut! Oder: In seinem unendlichen Ratschluss hat es ihm gefallen, . . . Wo ist da der Sinn, frage ich?«

Äußerlich war das Kopfschütteln dieser jungen Frau milde, doch deutlich ließen sich die beballten Fäuste in ihrer Tasche ahnen. Diese Empörung zwingt Sympathie ab, auch wenn man einen anderen Standpunkt vertritt.

Wenden wir den Blick auf das unsägliche Leid, das Menschen einander antun können und angetan haben, schlägt der Aufschrei in blankes Entsetzen um. Wie ein Alpdruck lastet das Gespenst des Bösen auf unserer Geschichte und will einfach nicht weichen. Seine hässliche Fratze giert durch alle Epochen und scheint nie satt zu werden. Allein im 20. Jahrhundert lassen sich mühelos Namen, Orte und Ereignisse aufzählen, die zum Inbegriff des Schreckens geworden sind an menschlicher Raserei, Mordgier und eiskalter Vernichtung.

Will unser junges Jahrhundert dem nicht nachstehen? Am 11. September 2001 geschah eine Kains-Tat, die unvergessen bleiben wird: Der gespenstische Anflug von Passagiermaschinen auf das World Trade Center, das grauenvolle Bersten der Twin Tower vor laufender Kamera und der entsetzte Aufschrei von Abermillionen Zeugen. War das ein weltumspannendes Fanal apokalyptischer Kraft? Kündigt es eine andere perfide Art kriegerischer Konfrontation an, die den Superlativ für *töten* und *meucheln* sucht? Wird mehr denn je zutreffen, was Christian Morgenstern schon vor 100 Jahren schrieb? – nämlich: »Was ist der Mensch? Die Tragödie Gottes«.

»Wenn du nicht willst, dass die Menschen böse Worte sagen, warum hast du sie dann erfunden?« So lautet ein Kinderbrief an den lieben Gott, unterschrieben mit *Sonja*.[2] Ich vermute, Sonja meint neben den »bösen Worten« die Gott erfunden hat, auch die Menschen selbst, die sich gehässig angiften. Eine typische Frage aus Kindermund! Sie ist entwaffnend ehrlich und entzieht uns Erwachsenen überraschend den Boden unter den Füßen. Ohne Umschweife spricht Sonja das Kernproblem an. Es brennt uns allen im Herzen:

Warum gibt es so viel Böses in der Welt? Was hat sich Gott dabei gedacht? Welcher Plan steckt dahinter? Rechnen wir das namenlose Leid durch Krankheiten, Unglücke und Naturkatastrophen hinzu, weitet sich das Problem in kosmische Ausmaße: Warum ist die Schöpfung so und nicht anders? Weshalb ist sie so leidanfällig und tränenbenetzt? Hätte Gott die Welt nicht »besser« erschaffen können?

Der international bekannte und fast vollständig gelähmte Astrophysiker und Mathematiker Stephen Hawking[3] setzt im

Schlusspunkt seines Bestellers EINE KURZE GESCHICHTE DER ZEIT noch eins drauf und fragt: »Warum muss sich das Universum all dem Ungemach seiner Existenz unterziehen?«

Wenn es eine Letztfrage für uns gibt, dann ist es diese. Hawking forscht allerdings nur nach dem physikalischen WARUM. Es reiche aus, um die entscheidenden Antworten nach dem Woher und dem Wohin des Kosmos leicht zu finden. Vor allem könnte man endlich wissen, warum sich das Universum genau so entwickelte, in ihm Leben entstand und was es noch alles vor hat. Augenzwinkernd verspricht uns Hawking sogar, dass wir dann den Plan Gottes erkennen würden. Den »*Plan Gottes*«? Diese Aussicht ist zu schön, um wahr zu sein. Etwas mehr Licht auf die Frage nach dem Leiden und dem Sinn des menschlichen Lebens und des Daseins überhaupt würde schon ausreichen. Dann könnten wir einen Pfad einschlagen, auf dem wir vom wärmenden Windhauch Gottes begleitet werden.

Wie sehr hilft uns dabei die tiefere Erkenntnis in die Geheimnisse der Schöpfung? Können wir Gottes Fußspuren durch die Zeit erkennen und seine Fingerabdrücke am fernsten Stern wie an der kleinsten Blume abnehmen?

Nein, die Welt sei »kalt und unpersönlich«, hält uns der amerikanische Astrophysiker und Nobelpreisträger Steven Weinberg schroff entgegen. Und hypothetisch kommentiert er: »Falls es einen Gott gibt, der besondere Pläne mit den Menschen hat, dann hat dieser sich wirklich große Mühe gegeben, sein Interesse an uns nicht sichtbar werden zu lassen.«[4] Das ist ein hartes, ein schmerzhaftes Urteil. Bitter setzt es den Schlusspunkt hinter jene letzten Anfragen und Zweifel, die Betty Penrose, die junge Mutter, die kleine Sonja und Stephen Hawking stellvertretend für viele aufgeworfen haben.

Gibt es dennoch Auswege oder wenigstens Orientierungslichter, die einen Pfad erkennen lassen? Ich möchte mit Ihnen in diesem Buch auf die Suche gehen. Dabei kann und will ich Ihnen keinen raschen und geraden Ziellauf bieten. Einen Prozessionsweg mit triumphalistischen oder glatten Antworten gibt es nicht. Der Weg ist beschwerlich und auf weite Strecken fällt kaum Licht. Doch er steckt voller Überraschungen mit interessanten Details. Es lohnt, aufmerksam hinzusehen.

Auf dem Weg wird uns ein biblisches Buch begleiten, das wie kein anderes mit dem LEID kämpft: HIOB. Es ist eines der sprachgewaltigsten und theologisch tiefgründigsten Bücher der Bibel. Die Geschichte der gleichnamigen Hauptperson Hiob[5] ist uralt, doch die aufgeworfenen Fragen sind hochaktuell und ihr Zündstoff ist so brisant wie ehedem. Explosiv mischt das Buch alles, was die Leidproblematik aufwirft: Gott und den Satan, Vorsehung und Schicksal, unsagbares Leid, Verzweiflung und Aufbegehren, Trost und Scheintrost, Anklage, Widerrede und Vorwürfe, schließlich Plädoyer und neue Einsicht.

All das verdichtet der tragische Held Hiob. Er muss durch eine lange Nacht des Leidens und der Dunkelheit gehen, eine Nacht, die einfach nicht enden will. Doch letztlich bricht auch für ihn eine Morgendämmerung an und ihr zunehmendes Leuchten spiegelt sich in Hiobs matten Augen. Hiob beginnt den Finger Gottes zu erkennen und sieht, wohin er zeigt.

Ich möchte mit Ihnen an der Seite Hiobs gehen und diesen Fingerzeig Gottes auf seine Schöpfung suchen.

Hiob – welch ein Schicksal!

GOTT, DER SATAN UND EINE WETTE

Es klingt unglaublich und es ist »unglaublich«. Im Buch Hiob wird erzählt, dass der Satan und Gott eine ziemlich üble Wette ausheckten. Sie nahmen einen Mann namens Hiob ins Visier, der davon nicht das Geringste ahnte. Über seinen Kopf weg wetteten Gott und Satan um Hiobs Glaubenstreue. Dabei setzten sie ihn Torturen aus, die den braven und arglosen Mann in tiefste Verzweiflung stürzten.

Was war geschehen? Der Satan hatte die Gegenden der Welt durchstreift und eben mal im Himmel vorbei geguckt. Auf der Erde hat Satan viel gesehen. Er hatte hierhin und dorthin geschaut, dieses und jenes aufmerksam beobachtet, und den einen oder anderen Menschen wird er genau unter die Lupe genommen haben. Im Himmel kommt der wohl unterrichtete Menschenkontrolleur mit anderen Gottessöhnen – wahrscheinlich sind Engel gemeint – zu einer Audienz beim Höchsten. Wie zufällig verwickelt Gott den Satan in ein Gespräch. Ob der Weltreisende bei seiner Tour auch auf einen gewissen Hiob geachtet habe, fragt der Herr gespannt nach. Dieser Mann sei nämlich ganz besonders fromm, er sei rechtschaffen und rundum untadelig; er fürchte Gott und meide das Böse.

Im Sprachgebrauch des Alten Testaments bedeutet diese Aufzählung ein nicht mehr steigerungsfähiges Lob. Der Erzähler hat zwei Wortpaare zusammengefügt, die unabhängig voneinander in den Sprichwörtern und den Psalmen auftauchen. Das erste Wortpaar: »*untadelig und rechtschaffen*« steht etwa für »fehlerlos wie ein Opfertier, schuldlos, gerecht, lauter und treu«. Das zweite Paar: »*gottesfürchtig und fern vom Bösen*« bezeichnet einen Menschen, der seinen Glauben gegenüber Gott und den Mitmenschen makellos lebt. Dieses geballte, vierfache Lob Hiobs ist in seiner Form einzig in der Bibel. Aus dem Munde Gottes klingt das so (Hiob 1,8c): »*Seinesgleichen gibt es nicht auf der Erde*«. Noch

13

frömmer hätte der Erzähler den Hiob wirklich nicht machen können.

So ist der reiche Segen Gottes garantiert. An Hab und Gut und an Familienglück sucht Hiob seinesgleichen. Sieben Söhne und drei Töchter seien ihm geboren. Für den orientalischen Hörer bedeuten zehn Kinder, welche die beiden Hände voll machen, rundum Segensfülle der Nachkommenschaft. Auch beim Herdenbesitz schöpft die Geschichte aus dem Vollen. Sage und schreibe *»siebentausend Stück Kleinvieh, dreitausend Kamele, fünfhundert Joch Rinder und fünfhundert Esel, dazu zahlreiches Gesinde«* soll Hiob besessen haben. Wieder sind symbolische Zahlen benutzt: 7 mal tausend, 3 mal tausend und 1 mal tausend – was so viel heißt wie: Kann man noch mehr sein Eigen nennen?

Doch dem nicht genug. Auch die Söhne Hiobs mussten gut betucht gewesen sein. Jeder besaß ein Haus, d. h. einen »Guts-hof« mit allem, was dazu gehört. Offensichtlich waren die Söhne frohsinnige Gesellen, denn reihum veranstalteten sie Gastmähler und luden immer alle Geschwister dazu. In puncto Familienleben waren die Hiobs ebenfalls beneidenswert. Obwohl nichts Ungehöriges von den häuslichen Festen zu berichten war, machte sich Vater Hiob stets am Morgen danach auf, um seine Kinder zu entsühnen. Für jedes Kind brachte er ein Brandopfer dar. Es war gedacht für den Fall, dass doch eines über die Stränge geschlagen hatte – unabsichtlich oder aus spa-ßigem Übermut.

Laut Bibel übertraf der brave Hiob alle Bewohner des Ostens an Ansehen. Mit »Osten« ist das riesige arabische Gebiet jenseits des Jordans gemeint. Das Land Uz, die Heimat Hiobs, würde irgendwo dort liegen.

Auf seinem Streifzug durch die Länder der Welt ist der Satan auch durch Uz gekommen. Natürlich war ihm nicht entgangen, wie mustergültig fromm, wie reich und angesehen dort Hiob lebte. Argwöhnisch glaubte der Teufel sofort ein dickes Haar in der Suppe erspähen zu können. Er witterte eine Chance, seine große Chance. Dreist ergriff er sie, als der Herr ihn nach Hiob fragte (1, 10 f):

»*Geschieht es ohne Grund, dass Hiob Gott fürchtet? Bist du es nicht,
der ihn, sein Haus und all das Seine ringsum beschützt? Das Tun
seiner Hände hast du gesegnet; sein Besitz hat sich weit ausgebreitet
im Land. Aber streck nur deine Hand gegen ihn aus, und rühr an all
das, was sein ist; wahrhaftig, er wird dir ins Angesicht fluchen.*«

Satan ist siegessicher. Der Herr will diese Unverfrorenheit
samt der schlimmen Voraussage nicht auf sich beruhen lassen.
Kurz und bündig gibt er all den Besitz Hiobs in Satans Gewalt.
Nur den Hiob selbst dürfe er nicht anrühren. Der Satan fackelt
nicht lange und beschwört Unheil herauf.

Alsbald geben sich bei Hiob Boten die Klinke in die Hand und
melden atemlos ein Verderben nach dem anderen: Räuberische
Sabäer seien über die Herden der Rinder und Esel hergefallen.
Alle Tiere hätten sie mitgenommen und die Knechte mit schar-
fem Schwert erschlagen. Da kommt ein anderer und meldet, dass
gewaltiges Feuer vom Himmel die Schafherde mitsamt den Hirten vernichtet habe. Gleich darauf schneit die Nachricht von
einem kriegerischen Beutezug der Chaldäer herein. Sie hätten die
wertvollen Kamele gestohlen und jeden Knecht erbarmungslos
niedergemacht.

Die Schreckensmeldungen lassen Hiob keine Verschnaufpause.
Noch ehe sie ausgesprochen sind, meldet sich ein Bote mit einer
letzten furchtbaren Nachricht (1,18 f): »*Deine Söhne und Töchter
aßen und tranken Wein im Haus ihres erstgeborenen Bruders. Da kam ein
gewaltiger Wind über die Wüste und packte das Haus an allen vier Ecken;
es stürzte über die jungen Leute, und sie starben.*«

Die entsetzlichen Botschaften erfassen Hiob wie eine Geröll-
lawine. Tief erschüttert steht er auf, zerreißt sein Gewand, schert
sich den Kopf und wirft sich auf den Boden ... Und dann? Wird
Hiob sein furchtbares Geschick vermaledeien? Wird er Gott fluchen, der ihn bislang so üppig gesegnet hatte und ihn nun sang-
und klanglos fallen ließ? Nichts von all dem. Ganz nüchtern heißt
es, dass Hiob auf den Boden hingestreckt Gott anbetet. Dabei
spricht er jene berühmt gewordenen Sätze, die zum Inbegriff dul-
dender Ergebung aufstiegen (1,21): »*Nackt kam ich hervor aus dem
Schoß meiner Mutter; nackt kehre ich dahin zurück. Der Herr hat gegeben, der Herr hat genommen; gelobt sei der Name des Herrn.*«

Was für eine Antwort! Hat Hiob übermenschliche Kräfte? Aus heiterem Himmel wird seine Lebenshoffnung, sein Familienglück zerstört, dazu ist er restlos ruiniert. Doch keine Klage, schon gar keine Anklage verlässt seine Lippen. Hiob weiß sehr wohl, dass Gott der Grund seines Segens ist und dass dieser Segen jetzt abrupt dahin ist. Von der makaberen Wette ahnt Hiob weiterhin nichts. Ohne Widerspruch fügt er sich in sein Schicksal; er duldet, leidet und trauert.

Eigentlich könnte die Geschichte hier enden. Was noch fehlte wäre ein Happy End. Gott würde dem armen Hiob erneut eine Kinderschar und Besitz schenken und natürlich noch eine kleine Belohnung dazu. Doch unsere Geschichte verschärft die dramatischen Ereignisse. Sie füllt Hiobs bitteren Becher auf bis zum Überfließen.

Der Satan bleibt hartnäckig. Abermals tritt er vor Gottes Thron. Halb triumphierend, halb mitleidig weist ihn der Herr auf den so übel mitgenommenen Hiob hin (2,3): »*Noch immer hält er fest an seiner Frömmigkeit, obwohl du mich gegen ihn aufgereizt hast, ihn ohne Grund zu verderben.*« Es klingt an, als ob Gott seine Wette bedauert und Schluss machen will. Aber der Satan gibt sein perfides Spiel nicht so schnell verloren. Was verlangt er mehr? Der schlaue Verderber hat ein Erklärung parat und stichelt weiter. Hiob habe noch nicht das volle Maß an Leid und Elend gekostet – er sei noch bei Kräften und gesund. Raffiniert und tückisch rechnet der Satan: Es sei etwas ganz anderes, was einer am eigenen Leib erdulden müsse, als »nur« den Besitz oder Angehörige zu verlieren. Würde der Herr den Hiob direkt angehen, dessen Gesundheit ruinieren, werde der fromme Mann sicherlich seinen Lebensmut verlieren und gegen den Himmel fluchen. Skrupellos verlangt der Widergeist eine neue Probe, diesmal ohne Pardon. Tatsächlich lässt Gott es darauf ankommen! Er selbst gibt Hiob in die Hand Satans. Nur sein Leben müsse er schonen.

So nimmt das Unheil seinen Lauf. Bösartige Geschwüre befallen Hiob von der Fußsohle bis zum Scheitel. Der bedauernswerte Hiob setzt sich in Asche und schabt seinen Körper mit einer Scherbe. Dieser ist madenbefallen, eitrig und verschorft. Obwohl sehr schmerzhaft, war die Krankheit nicht unmittelbar lebensbedrohend. Aber sie schnitt Hiob radikal ab vom gesellschaftlichen Leben um ihn herum. Sein Aussatz machte ihn endgültig zu einem hoffnungslos verlassenen Menschen. Selbst seine Frau, die uns jetzt erst begegnet, hat nur Hohn für ihn übrig. Verächtlich fordert sie Hiob auf (2,9): »*Lästere Gott und stirb!*«

Was wird Hiob diesmal tun? Tiefer konnte er nicht sinken. Sein verlorener und verbrannter Besitz, seine toten Kinder, seine trostlose Einsamkeit und Verachtung waren gleich der Asche, in der er saß.

Doch Hiob bleibt heroisch. Die anmaßende Aufforderung seiner Frau weist er barsch zurück und nennt sie eine Törin. Das ist ein schroffes Urteil in der Bibel. Rhetorisch fragt er sie (2,10): »*Nehmen wir das Gute an von Gott, sollen wir dann nicht auch das Böse annehmen?*« Schließlich versichert der Erzähler nochmals seinen Hörern ausdrücklich (2,10): »*Bei all dem sündigte Hiob nicht mit seinen Lippen.*«

Spätestens jetzt müsste der Satan seine Niederlage eingestehen und dem Herrn zu seinem doppelt und dreifach treuen Knecht Hiob gratulieren. Die Belohnung des Helden wäre endgültig fällig. Doch dazu kommt es nicht. Kundige Leser wissen, dass die Hiobgeschichte gerade mal begonnen hat und sich dramatisch weiterschlängelt. Erst viel später, nach mehrfachem Hin und Her, wendet sich das Blatt. Gott segnet wiederum Hiobs Leben und schenkt neues Lebensglück.

Auf den ersten Blick ist dieser Erzählgang unverständlich. Er klärt sich jedoch, wenn wir sorgfältig auf die Reden und Gegenreden in den folgenden Kapiteln achten. Dann erweist sich das Hiobbuch als kunstvoll kombiniertes und theologisch tiefgründiges Werk, das seinesgleichen sucht in der Literatur der alten Welt.

EIN BUCH UND SEIN UNSTERBLICHER STOFF

Gäbe es einen literarischen Nobelpreis für antike Werke, der Verfasser des Buches *Hiob* hätte ihn allein dafür verdient. Leider könnte der Preis auch postum nicht vergeben werden, denn das Buch ist anonym geschrieben und anonym veröffentlicht.

Über den Autor ist so gut wie nichts bekannt. Das trifft für viele andere biblische Bücher auch zu, dennoch wirft die unbekannte Verfasserfrage Probleme auf. Wer das Buch aufmerksam durchliest, wird an einigen Stellen stolpern und sich fragen, ob das alles von einer Hand geschrieben ist? Es gibt inhaltliche Brüche, die nur über schwache Stege Verbindung halten, und es fallen allgemein sprachliche und stilistische Unterschiede ins Auge, die turmhoch von einander entfernt sind.

Dennoch ist das Hiobbuch alles andere als ein Flickenteppich. Im Grunde besteht es aus nur zwei Teilen: einer alten kurzen Geschichte in Erzählprosa und einem kunstvollen Dialogteil zwischen Hiob, seinen Besuchern und am Ende auch Gott. Den größten Teil der Erzählung haben wir gerade kennen gelernt. Es ist die Geschichte eines frommen und tadellosen Mannes, den urplötzlich ein Unglück nach dem anderen verfolgt. Bis zum letzten Schicksalsschlag bleibt er aber seinem Gott ergeben und preist ihn mit den bewegenden Worten: »*Der Herr hat gegeben, der Herr hat genommen; gelobt sei der Name des Herrn.*« Daraufhin wendet Gott das schlimme Los seines treuen Knechtes und segnet ihn mehr als zuvor. Gleich doppelt so viel an Kleinvieh, Kamelen, Rindern und Eseln erhält Hiob zurück. Auch zwei Hände voll Kinder werden ihm erneut geboren: sieben Söhne und drei Töchter, deren Schönheit alle überragt. Vater Hiob soll danach noch lange gelebt haben, mit Ururenkeln auf dem Schoß. Hochbetagt stirbt der geprüfte Hiob zufrieden und lebenssatt.

Das ist der Kern einer anrührenden Geschichte mit Happy End, die sehr alt ist. Ihre Entstehung dürfte weit in der Frühzeit Israels liegen. Sicherlich wurde sie dabei von ähnlichen Geschichten beeinflusst, die vor allem aus dem östlich gelegenen Mesopotamien kamen. Im Laufe der erzählerischen Weitergabe sind in die Stammgeschichte weitere Elemente eingeflossen. Vermutlich wurden Freunde und Verwandte aufgenommen, die den geschlagenen Hiob besuchten, trösteten und irgendwie »versuchten«. Das heißt, sie taten das, was Frau Hiob ihrem Gatten brüsk an den Kopf warf – vielleicht nicht so drastisch, aber ähnlich. Dadurch gewinnt die Treue Hiobs an Gewicht und der fürstliche Lohn dafür wird noch verständlicher.

Schließlich wurde auch der *Satan* eingeführt mit der entsprechenden Szene im Himmel. Wir dürfen diesem Satan nicht das Siegel unseres zweitausendjährigen Teufelsverständnisses aufdrücken. Als man sich die Hiobgeschichte am Lagerfeuer erzählte, war der Satan eine Art Ankläger-Engel im Hofstaat Gottes. Seine Aufgabe bestand darin, die Menschen genau zu beobachten und Fehltritte aufzuspüren. Stieß der Satan bei seinen Kontrollgängen durch die Gegenden der Erde auf Übeltäter, konnte er vor die göttliche Ratsversammlung treten und die vermeintlichen Delinquenten höchstamtlich verklagen. In der Hioberzählung hat dieser himmlische Oberstaatsanwalt auch eine Art Polizeibefugnis. Gott kann ihn beauftragen, überführte Missetäter gehörig abzustrafen.

Dass der fromme und brave Hiob auf Satans schwarzer Liste erscheint, ist er letzte Pfiff, der in die alte Erzählung einging. Angestoßen wurde die Erweiterung vermutlich durch persische Einflüsse, die nach dem babylonischen Exil in Israel dominierten. Sowohl die boshafte Satansfigur als auch die Vorstellung einer planmäßigen Überwachung dürften von daher inspiriert sein. Der hochnäsige Satansauftritt, sein heimtückisches Wettangebot und seine Geißelhiebe auf den armen Hiob ziehen jeden Hörer in den Bann. Es ist einfach zu viel des Unverschämten. Wahrscheinlich war die Geschichte in alter Zeit populär und wurde gern erzählt – unter entrüstetem Kopfschütteln und beifälligem Aufatmen nach dem guten Ende.

Was will diese Erzählung? Sicher möchte und kann sie kein Bericht sein über ein historisches Geschehen irgendwann und irgendwo im weiten Osten jenseits des Jordans. Darin ist sich die Hiobexegese einig. Die Geschichte erzählt beispielhaft und stellt Hiob prototypisch als gerechten Menschen vor, dem der Segen Gottes sicher ist. Durch den furchtbaren Unglücksreigen wird der untadelige Hiob in eine Lebenskatastrophe gestürzt, die ihm eine Grundentscheidung abverlangt.

Wird er Gott fluchen und soll er hoffnungslos sterben, wie seine Frau es einfordert? Wird er sein Leben für sinnlos erklären und die ganze Schöpfung obendrein? Die Wettintrige des Satans setzt noch eins drauf. Bindet Hiob seine Frömmigkeit an den *sichtbaren* Segen Gottes? Der Satan ist argwöhnisch und unterstellt dem frommen Mann eine Art Kosten-Nutzen-Rechnung. Hiob würde nur solange Gott verehren, ihm dienen und nach seinen Geboten leben, wie er von diesem zählbares Glück für Haus und Hof erhalte. Ginge alles dahin, einschließlich seiner Gesundheit, würde Gott schon sehen, was an diesem Musterknaben wirklich dran sei.

> *»Den sollt ihr noch verlieren,*
> *Wenn ihr mir die Erlaubnis gebt,*
> *Ihn meine Straße sacht zu führen!«*

So kündigt es Mephisto in Goethes Faust I dem Herrn selbstsicher an (312–14). Obwohl der Satan ganze Arbeit leistet, bleibt er erfolglos – bei Dr. Faust und noch mehr bei Hiob. Der geschlagene Familienvater und Herdenbesitzer aus Uz ergibt sich seinem Schicksal und lobt seinen Gott auch in tiefster Not. Der duldsame Hiob hat die Prüfung bestanden. So kann der Herr das Blatt wenden und seinen treuen Knecht belohnen.

Ende gut, alles gut!? Das Buch Hiob wäre kein Welterfolg geworden nur mit diesem Ende, nur mit der alten Volkserzählung im Gepäck. Ja, es wäre wohl nie geschrieben worden.

Dass es anders kam, verdanken wir einem unbekannten Autor im vierten oder dritten Jahrhundert v. Chr. Er setzte sich hin und schrieb ein Werk, das rabbinische und christliche Theologie bis zum heutigen Tag beschäftigt. Was ist dem anonymen Schreiber eingefallen? Schon flüchtiges Blättern im Buch genügt, um einen Eindruck zu gewinnen. Die Erzählung von Hiobs Gerechtigkeit, von seinem Glück und den Unglückslawinen endet bereits nach zwei kurzen Kapiteln (2,13). Der sagenhafte Schlussteil fehlt noch. Ihn finden wir erst weit hinten auf der letzten Buchseite in 42,7–17. Damit ist die überlieferte Geschichte zweigeteilt und zu einer Art *Rahmen* gestaltet. Zwischen den stark auseinander gezogenen Teilen schwingt der neue Autor seinen Taktstock und spielt eine Melodie, die ganz anders klingt als in der Ausgangsgeschichte. Um sein »sperriges« Stück einzupassen, dürfte er redaktionell auch in den Erzähltext eingriffen haben. Das legen stilistische und inhaltliche Gründe nahe. Die Änderungen halten sich aber in engen Grenzen.

In der Bibelwissenschaft wird der unbekannte Verfasser meist als *der Hiobdichter* bezeichnet. Dieses Lob gilt nicht nur seiner sprachlichen Kraft mit Gespür für stilistische Finessen, sondern auch seiner gedanklichen Tiefe und Kreativität. Der Dichter ist Schriftsteller und Theologe ersten Ranges. Allein die sprachliche Form lässt den Prosastil der Erzählung weit hinter sich. Der Text ist durchweg hochpoetisch und kunstvoll gereimt. Im hebräischen Original ist das viel besser zu erkennen als in deutscher Übersetzung. Der hohe bis höchste Anspruch der Verse treibt jedem Übersetzer Schweiß auf die Stirn.

So formvollendet und schön der Dichter seine Gedanken dargestellt hat, wichtiger ist seine inhaltliche Botschaft. Auf der langen Strecke vom 3. bis zum 42. Kapitel hat er Spitzentheologie im Alten Testament geschrieben. Sie tritt uns in packenden Rededuellen und tiefsinnigen Monologen gegenüber. Während der dramatischen Auseinandersetzungen steuerte der Dichter unbeirrt seinen Kurs, trotz heftigen Gegenwinds. Widerstand schien ihn sogar anzufeuern. Wir werden seine scharfe Feder noch genügend kennen lernen. Am Ende seines Werkes wuchs der Dichter über sich hinaus. Er überrascht seine Leser mit furiosen Gottesreden und verblüfft uns mit einem allerletzten Hiobwort (42,6).

Mehr will ich nicht verraten. Gleich werden wir sein Vorgehen und seine Taktik am Text verfolgen.

Der unbekannte Dichter hat ein widerspenstiges und aufmüpfiges Buch verfasst. Es bohrt tief in die Fragen nach dem Leid, nach selbst verschuldeter oder unverschuldeter Not, nach dem Verhalten Gottes und seiner Rolle als Schöpfer. Es stellt letztlich die Frage, ob hinter der leidvollen und brüchig anmutenden Schöpfung wirklich ein guter und allmächtiger Gott steht. Der dänische Religionsphilosoph Sören Kierkegaard nannte das Hiobbuch »gleichsam die ganze inhaltsreiche Klageschrift seitens des Menschen in der großen Sache zwischen Gott und dem Menschen«.[1] Diese imposante Thematik macht *Hiob* unsterblich.

Die zahlreichen Hiob-Variationen in Kunst und Literatur sprechen für sich. Auf das Schicksal des Dr. Faust in Goethes Tragödie habe ich schon hingewiesen. Dieses Stück um Lebens-Sehnsucht, die sich auf Wegen und Irrwegen zwischen Erkenntnis und Liebe / Leid heillos verstrickt, fasziniert immer wieder neu. Zu nennen wäre auch Alfred Döblins Großstadtroman »Berlin Alexanderplatz«. Seine Hauptperson, Franz Biberkopf, ehemals Transportarbeiter, dann vorbestrafter Gelegenheitsverkäufer auf der Straße, trägt Züge des Hiob. Biberkopf versucht anständig zu sein, führt aber einen aussichtslosen Kampf im Ganovenmilieu. Am Ende zerfleischen ihn die Schuldgefühle. Nur über eine brutale Selbstkonfrontation mit seiner eigenen Schuld und Schwäche, wandelt sich Franz Biberkopf zu einem neuen, einen »sehenden« Menschen. Die Wandlung zum »wahren Sehen« wird uns bei Hiob in anderer Form auch begegnen.

Am anrührendsten empfinde ich den Hiob-Roman von Joseph Roth. Die Erzählung führt uns an einem Lebensschicksal entlang, dessen Jammer, Einsamkeit, Übermaß an Leid und Aufschrei den biblischen Hiob in seinem Gotteskampf tiefer verstehen lässt.

Joseph Roth nennt seine Geschichte im Untertitel »Roman eines einfachen Mannes«.[2] Der tragische »Held« Mendel Singer »war fromm, gottesfürchtig und gewöhnlich, ein ganz alltäglicher Jude«. Vor dem ersten Weltkrieg fristete er mit seiner Frau Deborah, seinen Söhnen Schemarjah und Jonas sowie der Tochter Mirjam ein ärmliches Leben in dem ostgalizischen Schtetl Zuchnow. Mendel war einfacher Lehrer, der Kindern bei sich zu Hause aus Bibelstellen das Lesen beibrachte. Natürlich reichten die wenigen Kopeken Lohn die Woche nie zum Leben und Deborah blickte verächtlich auf den geringen Beruf ihres Mannes.

Es ist ergreifend, was Roth über die Heimsuchungen des Mendel Singer zu erzählen weiß. Reichtum konnte Mendel nicht verlieren, aber seine Familie, seine Heimat, seinen Lebensinhalt und seine Ehrfurcht vor Gott.

Ein viertes Kind wird Mendel geboren: Menuchim. Zaghaft aber unaufhaltsam brauen sich schwere Gewitterwolken über dem Haus Mendels zusammen. Sie sollten nie mehr weichen. Menuchim hat Anfälle, will nicht sprechen und bleibt geistig zurück. Das Seufzen von Mutter Deborah wandelt sich in Stöhnen. Sie bestürmt die Ahnen und einen Wunderrabbi. Vater Mendel fastet und fleht zum Herrn um Hilfe. Doch es ist umsonst. Menuchim bleibt ein Epileptiker, ein Krüppel, ein »Idiot«.

Klaglos hat Mendel bislang die vielen kleinen Strafen ertragen, aber warum jetzt diese schwere Hand Gottes? Mendel

Singer zermartert sich das Hirn, warum er so gestraft wird. Doch er findet keine Antwort.

Als es an der Zeit ist, dass die zwei gesunden Söhne zu den zaristischen Soldaten müssen, suchen Mendel und Deborah verzweifelt einen Ausweg. Schemarjah gelingt die Flucht über die Grenze und schlägt sich nach Amerika durch; sein Bruder Jonas aber geht freiwillig zu den Soldaten. Mendel gibt Jonas verloren. Die Familie drängt auf Ausreise nach Amerika zu Schemarjah. Doch Mendel will die Heimat nicht aufgeben. Da droht auch seiner Tochter Mirjam Unheil. Sie lässt sich mit den Kosaken ein. Um sie zu retten, stimmt Mendel der Auswanderung zu. Mit Mirjam und Deborah flieht er gleichsam nach Übersee. Schwersten Herzens müssen sie aber den kranken Menuchim zurücklassen. Der Abschied gräbt sich tief und unheilbar in die Seelen von Mendel und Deborah ein.

In Amerika empfängt sie Schemarjah, alias Sam, der es zu bescheidenem Wohlstand gebracht hat. Doch in New York werden die Eltern nicht heimisch. Sie quälen sich durchs Leben. Als in Europa der Krieg ausbricht, überschlägt sich neues Unheil. Wie kräftige Boxhiebe auf seinen schwächlichen Leib trifft Mendel ein Schlag nach dem anderen. Jonas kämpft für den Zaren und bleibt bald verschollen; Schemarjah zieht für Amerika in den Krieg – und fällt. Mutter Deborah stirbt an Verzweiflung und Mendels verbliebene Tochter Mirjam umgreift der Wahnsinn.

Das sind der Faustschläge Gottes zuviel, selbst für den ergebenen Mendel Singer. Er wirft seine Selbstzweifel ab und empört sich über alle Maßen gegen Gott. Plötzlich hören ihn die Nachbarn schreien und poltern. Blaugrauer Rauch dringt durch die Ritzen seiner Tür. Dahinter eine gespenstische Szene: wie meschugge stampft Mendel vor stark entfachtem Herdfeuer und ist dabei, seinen Gebetsmantel, seine Gebetsriemen und sein Gebetbuch zu verbrennen. »Aus, aus, aus ist es mit Mendel Singer ... Er hat keinen Sohn, er hat keine Tochter, er hat kein Weib, er hat keine Heimat, er hat kein Geld. Gott sagt: ich habe Mendel Singer gestraft; wofür straft er, Gott? Warum nicht Lemmel, den Fleischer? Warum straft er nicht Skowronnek? Warum straft er nicht Menkes? Nur Mendel straft er! Mendel hat den Tod,

Mendel hat den Wahnsinn, Mendel hat den Hunger, alle Gaben Gottes hat Mendel. Aus, aus, aus ist es mit Mendel Singer.«

Den herbeigeeilten und entsetzten Freunden knurrt Mendel ins Gesicht, dass er Gott verbrennen will. »Wir wissen nicht, wofür wir gestraft werden«, meinte einer der Freunde, doch Mendel heult zurück: »Ich aber weiß es, Skowronnek, ... Gott ist grausam, und je mehr man ihm gehorcht, desto strenger geht er mit uns um. Er ist mächtiger als die Mächtigen, mit dem Nagel seines kleinen Fingers kann er ihnen den Garaus machen, aber er tut es nicht. Nur die Schwachen vernichtet er gerne. Die Schwäche eines Menschen reizt seine Stärke und der Gehorsam weckt seinen Zorn. Er ist ein großer grausamer Isprawnik. Befolgst du seine Gesetze, so sagt er, du habest sie nur zu deinem Vorteil befolgt. Und verstößt du nur gegen ein einziges Gebot, so verfolgt er dich mit hundert Strafen. Willst du ihn bestechen, so macht er dir einen Prozess. Und gehst du redlich mit ihm um, so lauert er auf die Bestechung. In ganz Russland gibt es keinen böseren Isprawnik!«.

Das sind düstere und schlimme Worte. Doch für Joseph Roth und seinen Helden sind es Klagen, die das Recht des gebrochenen Herzens auf ihrer Seite haben. Die Versuche der Freunde, Mendel zu beschwichtigen, scheitern kläglich. Selbst vor der Hölle hat Mendel keine Angst. »Alle Qualen der Hölle habe ich schon gelitten. Gütiger als Gott ist der Teufel. Da er nicht so mächtig ist, kann er nicht so grausam sein.«

Nach seinem wilden Zornausbruch bleibt Mendel Singer böse auf Gott und zeigt ihm die kalte Schulter. Jahre lebte er, der von Gott vernichtet worden war, wie tot im jüdischen Viertel New Yorks, aufgenommen von den Skworonneks. Selbst an heiligsten Feiertagen beteiligt sich Mendel nicht am Gebet, das in seinem Zimmer abgehalten wird. »Aber Mendel Singer stand schwarz und stumm, in seinem Alltagsgewand, im Hintergrund in der Nähe der Tür und bewegte sich nicht. Seine Lippen waren verschlossen und sein Herz ein Stein. Der Gesang des Kol Nidre erhob sich wie ein heißer Wind. Mendel Singers Lippen blieben verschlossen und sein Herz ein Stein. Schwarz und stumm, in seinem Alltagsgewand, hielt er sich im Hintergrund, in der Nähe der Tür. Niemand beachtete ihn. Die Juden bemühten sich, ihn nicht zu sehen. Fremder war er unter ihnen. Der und jener dachten an ihn und betete für ihn. Mendel Singer aber stand aufrecht an der Tür und war böse auf Gott. Sie beten alle, weil sie sich fürchteten, dachte er. Ich aber fürchte mich nicht. Ich fürchte mich nicht!«

Doch das Blatt wendet sich, ähnlich wie bei Hiob in der alten Volkserzählung. Am Paschafest feiert Mendel bei den Skworonneks den Sederabend mit, anstandshalber. Als es an der Reihe ist, dem Propheten Elia die Tür zu öffnen – so will es seit alters her der Brauch – steht Mendel auf, um den Dienst zu verrichten. Elija gilt als der unmittelbare Vorläufer und Ankündiger des Messias. Erscheint Elija, ist die messianische Rettung nah.

Ohne den geringsten Funken einer Erwartung schlurft Mendel zur Tür. Kommt der Prophet nicht, wird sie wieder geschlossen. Mendel öffnet und zieht die Tür wieder zu. Regungslos schlurft er zurück auf seinen Platz.

Da klopft es. Die Gesellschaft zuckt zusammen, glaubt an Wind, der an die Tür rüttelt und lauscht weiter. Es klopft stärker. Die Menschen um den Festtisch erstarren. Allein Mendel erhebt sich gleichgültig und schleicht abermals zur Tür. Da steht ein großgewachsener Fremder, der grüßt und um Einlass bittet. Der Fremde stellt sich als Alexej Kossak vor. Er sei gekommen, um einen gewissen Mendel Singer zu sprechen. Man habe ihm gesagt, dass er sich hier aufhalte. Der Hausherr bittet den Fremden zu Tisch, und gemeinsam beenden sie das Mahl. Dann erzählt Kossak vom Heimatschtetl Mendels. Dort habe er sein altes Haus erworben. Den Kaufpreis wolle er Mendel nun auszahlen. Auch habe er Nachricht von seinem Sohn Jonas. Er lebe! Zur Zeit wäre er bei den Weißgardisten. Mendel wagt nicht, auch nach seinem kranken Sohn Menuchim zu fragen, ob er noch lebe, ob Kossak etwas wisse, irgend etwas wisse. Der Fremde beginnt von sich zu erzählen, von seiner Musikkarriere und seinem Aufstieg zum berühmten und allseits bewunderten Komponisten. Schließlich springt der Hausherr bei und tastet vorsichtig nach dem Schicksal Menuchims. Ja, Menuchim lebe auch, kommt zur Antwort. Wiederum erstarrt die Tischgesellschaft; ihre Blicke treffen Mendel. Der Alte lacht auf, um gleich darauf heftig schluchzend zusammenzusinken.

Endlich offenbart sich der Fremde und schockiert die Runde mit dem Bekenntnis: »Ich selbst bin Menuchim.« Tumult bricht aus. Alle sind aufgesprungen und können die Situation nicht fassen. Mendel sinkt vor Menuchim auf den Boden. Seine zittrigen Hände ergreifen die Füße und er beginnt seinen Sohn tränenüberströmt abzuküssen. Mendel hält eine verloren geglaubte »Welt« fest; es ist kein Trug, es ist sein neues überschäumendes Glück.

Menuchim will seinen Vater mitnehmen und ihm einen unbeschwerten, seligen Lebensabend an seiner Seite bescheren. Reuig schlägt sich der Gottesverbrenner Mendel an die Brust: »Schwere Sünden hab ich begangen, der Herr hat die Augen zugedrückt. Einen Isprawnik hab ich ihn genannt. Er hat sich die Ohren zugehalten. Er ist so groß, dass unsere Schlechtigkeit ganz klein wird.« Menuchim quartiert seinen Vater bei sich im besten Hotel ein. Mendel muss an seine verwirrte Tochter Mirjam denken und seufzt. Doch Menuchim tröstet und ermutigt ihn. Er, der geistige Krüppel, sei auch geheilt worden. Man müsse nur warten. Mendel hofft wieder, und er will warten. Langsam schließen sich die müden Augen Mendel Singers. Sie nehmen »die ganze blaue Heiterkeit des Himmels in den Schlaf hinüber und die Gesichter der neuen Kinder. ... Mendel schlief ein. Und er ruhte aus von der Schwere des Glücks und der Größe der Wunder.«

Mit diesen Worte schließt Joseph Roth seinen Hiob-Roman. Zahlreiche Kritiker haben Roth wegen dieses schier unglaublichen Happy End gerügt. Im Kontrast zur großartigen Milieu- und Schicksalserzählung sei dieser Schluss billig und unterstes Hollywood-Niveau. Doch Joseph Roth hielt sich an die biblische Vorlage. Der Schluss der alten Hiobgeschichte lässt das Füllhorn sogar noch stärker fließen.

Man sollte den Roman nicht von hinten her lesen und schon gar nicht von dort beurteilen. Wie im biblischen Hiobbuch gibt es einen Hauptteil, in dem der tragische Held mit Gott hadert und ringt, ihn schließlich barsch herausfordert und bissig die Meinung sagt. Dabei soll der Leser genauso ein Stück von sich bei Mendel aus Zuchnow entdecken wie bei Hiob aus Uz. Die beiden sind wir! Ihre Fragen sind unsere Fragen, ihre Empörung unsere Empörung, und ihr Leid ist so groß, dass unser Leid darin Platz findet.

Der Hiob-Roman von Joseph Roth gibt eine Lebensgeschichte preis, die uns Seite für Seite hautnah einnimmt. Der biblische Hiobdichter erzählt auch eine Geschichte, die stark anrührt, aber aus einer anderen Perspektive. Wer sich darauf einlässt, wird in eine dramatische Szenerie versetzt, die neue Antworten auf alte Fragen sucht. Kehren wir zurück und setzen uns an die Seite Hiobs.

HIOB IN DER FALLE – FREUNDE KOMMEN

Nach den furchtbaren Schicksalsschlägen hatte sich Hiob aus Uz in die Asche gesetzt. Es ist ein erbarmungswürdiges Bild wie er verloren und einsam seine schwärenden Wunden schabt. Alsbald erfahren aber drei alte Freunde Hiobs von seinem bösen Schicksal. Ein gewisser Elifas aus der Gegend Teman, Bildad aus Schuach und Zofar aus Naama werden sich schnell einig, ihren Freund gemeinsam aufzusuchen, um ihr Mitgefühl zu zeigen und Trost zu spenden. Schon von weitem sind sie maßlos entsetzt, weil sie ihn in seiner Qual nicht mehr erkennen. Sie schreien auf und weinen, zerreißen ihre Kleider und streuen Asche gegen den Himmel. Überwältigt von Trauer und Mit-Leid setzen sie sich zu ihrem Freund und bleiben sieben Tage und Nächte an seiner Seite (2,13): »*Keiner sprach ein Wort zu ihm. Denn sie sahen, dass sein Schmerz groß war.*«

Bis hierher benehmen sich Elifas und die beiden anderen ausgesprochen sensibel. Sie halten ihre Augen offen vor dem abgründigen Leid, sie »hören« auf Hiobs stumme Klage und sie fühlen hautnah seine Pein. Aus der Sicht einer modernen Trauerbegleitung haben die drei den richtigen Ton getroffen. Doch der Umbruch ist jäh und hart. Der Auftakt bildet eine längere Lebensklage des bislang so duldsamen und wortkargen Hiob. Endlich löst der Erzähler die Zunge unseres tragischen Helden, dem so übel mitgespielt wurde. Der theologische Dichter übernimmt die Regie und baut einen kämpferischen, ja revoltierenden Hiob auf. Ab sofort findet sich der Geschlagene nicht mehr ab mit seinen Schlägen. Er schreit sein Unglück hinaus, provoziert unbequeme Fragen, wird angriffslustig und lässt keine Gegenrede unbeantwortet.

Gleich zu Beginn macht Hiob seiner Verzweiflung Luft und flucht auf den Tag seiner Geburt, auf einen Tag, der ihn in ein jämmerliches Dasein schleuderte (3,1–26). Weshalb sei er von Knien empfangen worden, und wozu habe er an den Brüsten seiner Mutter getrunken? Wäre er doch nie geboren worden! Oder wäre er wenigstens schon im Mutterleib gestorben! Dann könnte er jetzt rasten und hätte seine Ruhe. Das ist mehr als nur melancholisches Selbstmitleid. Es ist der Beginn eines Trommelwirbels gegen den Himmel, der bald Sturmstärke erreichen wird. Gegen Ende des Klagereigens, beinah unmerklich, hallt der erste Donnerschlag. Unverblümt stellt Hiob eine theologische Grundfrage ersten Ranges:

Warum, in aller Welt, schenkt Gott jenen Menschen Licht und Leben, deren Los nur Elend, nichts als Elend und Bitternis sein wird? Was für einen Sinn macht es, vegetieren zu müssen, statt leben zu können? Warum tut Gott den Menschen das an?

Diese anklagenden Fragen brennen lichterloh durch die Zeit und haben bis heute nichts an Dringlichkeit verloren. Im Gegenteil! Der Dichter des Hiobwerkes hat hier sein erstes Positionsfeuer entzündet – grell leuchtend und weit sichtbar. Mit dem kleinen Wort »warum« löst er ein seismisches Beben aus, das bis zum Ende des Buches anhalten wird. Wir beginnen zu ahnen, was der Erzähler seinen Lesern zumuten will. Schon ein paar Zeilen weiter legt er die entscheidende Karte auf den Tisch. Das Startsignal für eine dramatische Auseinandersetzung ist gegeben.

Elifas von Teman richtet das Wort an Hiob, und rasch kommt er zum springenden Punkt (4,7 f): »*Bedenk doch! Wer geht ohne Schuld zugrunde? Wo werden Redliche in Stich gelassen? Wohin ich schaue: Wer Unrecht pflügt, wer Unheil sät, der erntet es auch.*«

Schuld? Unrecht? Ernte der eigenen Früchte? Für einen Moment müssen wir inne halten und uns orientieren. Sind wir auf eine falsche Bühne geraten, mitten in ein fremdes Stück? Sicher nicht, denn wir können an den Fingern abzählen, worauf Elifas aus ist. Hiob müsse sich irgendwie gegen Gott und seine Weisungen verfehlt haben, und nun treffe ihn eben die »gerechte« Strafe, jetzt würden ihn die eigenen schlimmen Taten einholen. So einfach sei das. Es ist ganz schön dreist von Elifas, seinem Freund eine solche Rechnung samt Quittung unter die Nase zu reiben. Wie kommt er auf einen solchen Gedanken?

Die einleitenden Worte haben es schon angedeutet. Elifas begann mit einem sanften Vorwurf: Viele entmutigte Menschen hätte Hiob selbst gestärkt. Gestrauchelten habe er die Hand gereicht und Wankenden Halt verschafft. Nun sei er an er Reihe. Und kaum treffe es ihn, gebe er einfach auf. Er solle doch Gott befragen, Gott seine Sache vorlegen. An Hiobs Stelle würde er, Elifas aus Teman, das sofort tun. Was dabei herauskommt ist klar. Hiob hat eine Schuld, die gerade ausgeglichen wird. Daher der wohlmeinende Rat: Verschmähe nicht Gottes Zucht!

Wenn Hiob das einsähe, sei die Sache halb so schlimm. Sein Leid hat einen Grund und ist verstehbar. Außerdem kann er auf bessere Zeiten warten. Denn Tag für Tag büßt er das eigenhändig gezimmerte Unheil ab.

Was dieser Elifas seinem Freund hier vorhält, ist uns heute so bekannt, wie es im alten Israel jedem selbstverständlich vorkam. Die Bibelwissenschaft gebraucht dafür den etwas gestelzten Ausdruck »Tun-Ergehen-Zusammenhang«. Aber dieser Begriff veranschaulicht gut den zugrunde liegenden Gedanken. Zwischen dem Tun des Einzelnen und seinem persönlichen Ergehen gibt es eine Ursache-Wirkung-Verbindung. Kurz gesagt: Der Frevler schwört mit seinen bösen Taten selbst Unheil gegen sich herauf und Gottes Strafe zieht über ihn wie ein Gewittersturm. Dem Gerechten und Frommen dagegen ergeht es wohl, sein Leben glückt und der Segen des Herrn lässt ihn rundum gedeihen.

Ein beklemmendes Beispiel aus unserer Zeit erzählt der Bostoner Rabbi Harold Kushner in seinem viel gelesenen Buch *Wenn guten Menschen Böses widerfährt*: »Ich war ein junger Rabbiner, als ich zu einer Familie gerufen wurde, um ihr in einem unerwarteten Fall fast unvorstellbarer Tragik beizustehen. Die Eltern mittleren Alters hatten eine Tochter, ein heiteres 19-jähriges Mädchen, Studentin im 1. Semester an einem auswärtigen College. Eines Morgens beim Frühstück erhielten sie einen Telefonanruf aus dem Universitätskrankenhaus. ›Schlechte Nachrichten für Sie. Ihre Tochter brach heute Morgen auf dem Weg zum Hörsaal zusammen. Es scheint, dass ein Blutgefäß im Hirn geplatzt ist. Sie starb, bevor wir irgendetwas tun konnten. Es tut uns entsetzlich Leid.‹ Völlig verzweifelt baten die Eltern einen Nachbarn, ihnen bei dem Entschluss zu helfen, was als nächstes zu unternehmen sein. Der Nachbar benachrichtigte die Synagoge, und ich besuchte sie noch am selben Tag. Ich betrat ihr Haus im Bewusstsein meiner Unzulänglichkeit und mir fiel nichts, aber auch gar nichts ein, was geeignet gewesen wäre, ihren Schmerz zu lindern. Ich erwartete Wut, Entsetzen, Trauer, nicht aber, dass ihre ersten Worte sein würden: ›Sie müssen wissen, Rabbi, dass wir beim letzten Yom Kippur die Fastengebote nicht eingehalten haben!‹

Warum sagten sie mir das? Warum nahmen sie an, dass irgendjemand für diese Tragödie verantwortlich war? Wer lehrte sie, an einen Gott zu glauben, der eine attraktive, begabte junge Frau ohne Vorwarnung niederstreckte – als Strafe dafür, dass irgendjemand anderer Gebote der Kirche übertreten hatte?«[3] Hätte Rabbi Kushner das unerträgliche Wort vom Fastenvergehen nicht bitterreal erlebt, könnte die Szene aus einem schlechten Roman stammen. Jeder kennt aus eigener Erfahrung ähnliche Beispiele. Aber selbst bei harmloseren Ereignissen melden sich häufig Zweifel: Kann man wirklich von »Gerechtigkeit« sprechen? Traf es den oder die »Richtigen«? Ist das angemessen? Hat Gott überhaupt mit der ganzen Sache etwas zu tun? War es nicht purer Zufall?

Die rigorose Verknüpfung zwischen dem eigenen Tun und göttlicher Vergeltung ist so einfach wie brisant, so deutlich wie unabsehbar. Ihre Voraussetzung und Konsequenzen füllen einen ganzen Sack an theologischem Zündstoff. Seine delikate Fracht wird uns noch viele Kapitel begleiten. Ergänzend zu diesem Gedanken sei auf eine knifflige Zusatzbemerkung von Elifas hingewiesen. Er fragt Hiob, ob denn der hinfällige, aus Staub gemachte, Mensch vor Gott rein sein könne? Das heißt, wir seien zu gering und wankelmütig, um vor dem Heiligen im Himmel makellos erscheinen zu können. Da dieses Argument bei Elifas später noch einmal verstärkt auftaucht, werde ich dort den Einwand deuten. Festzuhalten gilt: Elifas setzt auch hier eine gewisse Schuld voraus, die Strafe auf sich zieht. Die Verflechtung von Tat und Folge bleibt Grundlage.

Der Hiobdichter weiß um die explosive Materie rund um den Tun-Ergehen-Zusammenhang. Er greift tief hinein und holt sich rhetorischen Stoff für seine weiteren dramatischen Dialoge. Elifas, Bildad und Zofar werden immer subtiler argumentieren bis sie glauben, Hiob unentrinnbar eingesponnen zu haben. Wir wollen in großen Schritten diese Zuspitzung aufmerksam verfolgen und sehen, wie Hiob darauf reagiert.

STREIT ENTFLAMMT – HIOB EIN HOHLKOPF?

Was wird der Dichter den Hiob antworten lassen? Welche Replik wäre angemessen? Spontan würden wir Hiob verteidigen und Elifas gallig anfahren. Selbst wenn wir dem Herrn aus Teman sein Vergeltungsdenken zugestehen, als guter Freund Hiobs weiß er doch von dessen untadeliger, rechtschaffener und frommer Lebensführung. Angesichts des Übermaßes an Leid muss er ihm eine Menge Freveleien zutrauen. Dürfen das die ersten Worte an einen Menschen im Leidenstal sein?

Unser Hiobdichter verneint diese Frage energisch. Er nutzt die Widerrede Hiobs, um seine anfängliche Linie weiterzuführen. Bei jeder theologischen Debatte über das Leid sollte stets Gelegenheit sein, zu klagen und anzuklagen, zu schreien oder nur zu wimmern – und das nicht nur vor Gott, sondern auch gegen Gott. Der Dichter greift hier die Tradition der Klagepsalmen auf und verschärft sie in Kapitel 6 und 7 enorm.

So ist Hiob tief enttäuscht über seinen Freund Elifas. Trügerisch sei er wie ein Bach, wie ein Wasserlauf, der verrinnt. In seiner herzlosen Art würde er selbst um ein Waisenkind würfeln und jeden Freund verschachern. Eindringlich fleht Hiob um Güte und wahren Beistand. Sollte er gefehlt haben, möge Elifas ihm das klipp und klar sagen und nicht wolkig daherreden. Hiob nimmt kein Blatt vor den Mund. Würde man sein Leid wiegen, wäre es schwerer als der Sand des Meeres. Was sei denn seine Kraft, dass er das aushalten könnte? Ist er stark wie ein Felsen und ist sein Fleisch aus Erz? Er kann und er will nicht mehr leben. Wenn doch Gott ihn endlich zermalmen würde – das wäre ein Trost! Ja, erwürgt zu werden zöge er all dem vor! Gleichzeitig ballt Hiob seine Faust und reckt sie gegen den Himmel. Schreckliche Pfeile hätte der Allmächtige zielsicher auf ihn abgeschossen. Ihr Gift breite sich in ihm aus und verwirre auch seinen Geist. Empört fährt er Gott an (7,20):

»Was tat ich dir, du Menschenwächter? Warum stellst du mich vor dich als Zielscheibe hin?«

Das sind unerhörte und beispiellose Worte in der Bibel. Hiob hofft nicht mehr. Er bezichtigt Gott der Heimtücke, er nennt ihn »Feind«, der grausam zuschlägt und »Menschenwächter«, der ohne Mitleid danach ausschaut, wem er es heimzahlen kann. Dem nicht genug. Der Dichter findet einen Zusatzstachel. Unwirsch fragt Hiob den Herrn (7,20–21): *»Hab ich gefehlt?« »Warum nimmst du mein Vergehen nicht weg und lässt du meine Schuld nicht nach?«* Mit der viel gepriesenen Gnade, Nachsicht und Barmherzigkeit Gottes scheint es nicht weit her zu sein. Doch Frage und Vorwurf bleiben hypothetisch, denn Hiob selbst und wir Leser wissen: Da wird ein Unschuldiger gequält.

Hiob ist in Rage, aber die Freunde lassen nicht locker. Bildad, der zweite im Bunde, gibt eisig kontra. Aus Hiobs Mund käme nur Windgeheul. Es sei nichts anderes als Rechtsbeugung, die er dem Allmächtigen vorwerfe. Wie lange wolle er noch so unverschämt reden? Hiob sollte lieber Gott eifrig suchen und anflehen. Ist er dabei noch rein und gerecht, wird Gott zweifellos über ihn wachen und für Lebensglück sorgen.

Bildad wiederholt den Grundsatz vom Tun und Ergehen. Er formuliert es positiv und ködert Hiob mit großartigen Aussichten. Als Beleg dafür beruft er sich auf die Vätertradition. So etwas wie Grünschnäbel seien er und Hiob. Im Grunde genommen wüssten sie aus den wenigen Tagen ihres Lebens nichts. Doch frühere Geschlechter hatten viel Zeit zum Erforschen. Was sie herausgefunden haben, pfeifen die Spatzen von den Dächern und Hiob ist sehr wohl damit vertraut. Beispielhaft bringt Bildad ein typisch weisheitliche Argument vor (8,11): *»Wächst ohne Sumpf das Schilfrohr hoch, wird Riedgras ohne Wasser groß?«* Weisheitliche Beweisführungen beziehen sich auf allgemein einsichtige Zusammenhänge und nicht auf abstrakte Grundsätze. Die Natur, das Lebensgesetz selbst, ist die große Lehrmeisterin. Was anderes als ein solches Lebensgesetz spiegle sich im Tun des Sünders oder Gerechten und deren Ergehen? Gott sei der Garant dafür.

Der Hiobdichter hat sein Drama um Leid, Schuld und Gott auf einen ersten Höhepunkt zugesteuert. Zwei gewichtige Positionen stehen sich scharfkantig gegenüber: der angeblich wasserdichte Tun-Ergehen-Zusammenhang und die Unschuld beteuernde Gottesanklage Hiobs. Ihr Aufeinandertreffen ist so spannungsgeladen, dass es bereits beim Annähern heftig knistert. Erste Funken haben wir schon sprühen sehen. Weitere werden fliegen und an Intensität zunehmen.

Unser Autor weiß, was Hiob jetzt entgegnen muss. Der Verdacht einer Rechtsbeugung durch Gott steht im Raum. Dieser Vorwurf Bildads an die Adresse Hiobs ist aus biblischer Sicht unerhört. Gewichtige Prophetenworte haben genau das Königen, Richtern und Einflussreichen im Volk Israel vorgehalten und dafür den Zorn Jahwes angedroht. Jetzt steht Gott selbst unter Anklage. Hält er sich im Fall »Hiob« noch an sein eigenes Recht, an das, was er von seinen Kindern verlangt und was mehr als selbstverständlich ist?

Hiob hat schon Zweifel angemeldet und energisch gegen den Himmel protestiert. In seiner zweiten Widerrede wird er gehörig nachbohren (9,1–10,11). Ein Rundblick durch die Schöpfung zeige die Allmacht Gottes auf Schritt und Tritt. Was der Herr will, geschieht. Niemand darf ihn zur Rede stellen. Hiob anerkennt die geballte Machtbefugnis Gottes und kommt sich erbärmlich klein vor. Sein Rufen bleibe ohne Antwort, seine Stimme kümmere den Herrn nicht. Doch die Wunden mehren und mit Bitternis sättigen, das könne Gott. Auch fahnde Gott menschenartig nach einer Schuld, obwohl er genau wisse, dass sein Knecht unschuldig ist.

Hiob will Recht, er will mit Gott rechten und brennt auf einen Schiedsmann. Sofort wird ihm jedoch klar, wie chancenlos er ist. Gott habe es eben auf ihn abgesehen, und er biegt sich die Sache passend hin. Schuldlos schuldig, das sei Gottes »Recht«. Es ist gebeugtes Recht, blankes und schreiendes Unrecht. Hiob resigniert (9,29–31): »*Ich muss nun einmal schuldig sein, wozu müh ich mich umsonst? Wollt ich auch mit Schnee mich waschen, meine Hände mit Lauge reinigen, du würdest mich doch in die Grube tauchen, sodass meinen Kleidern vor mir ekelt.*«

Schließlich bäumt sich Hiob auf und greift zu Worten, die ungeheuerlich klingen (9,22–24a):

»Einerlei; so sag ich es denn:
Schuldlos wie schuldig bringt er um.
Wenn die Geißel plötzlich tötet,
spottet er über der Schuldlosen Angst,
Die Erde ist in Frevlerhand gegeben.«

Ist Gott ein »Totschläger«? Hat er obendrein nur Häme für die übrig, die unter seiner Knute sterben? Die Wortwahl der Einheitsübersetzung nimmt der Gesamtaussage ihre Schärfe. Im Hebräischen steht für »schuldlos« der Begriff *untadelig* (tam) und für »schuldig« steht *Frevler* (raša). Mit der Ehrenbezeichnung »untadelig« wurde Hiob zu Beginn der Erzählung vorgestellt. Das krasse Gegenteil ist der Frevler. Offensichtlich gelten bei Gott keine Unterschiede mehr; untadelige Menschen sind frevlerischen Gesellen gleich und umgekehrt.

Hiob wagt einen Schluss, der alles in den Schatten stellt, was er bislang hinausgeschrieen hat: Gott ist ein Frevler! Seine Hand drangsaliert, sie schlägt zu, misshandelt und tötet willkürlich auf Erden. Manche Ausleger des Buches sehen in diesem furchtbaren Frevlerwort eine handfeste Gotteslästerung Hiobs. Selbst im Talmud wird es von Rabbi Eliezer so gedeutet. Doch mehrheitlich wollen Exegeten den frommen Hiob nicht damit belasten. Seine Qual mache ihn blind für den gähnenden Abgrund gotteslästerlicher Rede, an dem er entlangbalanciert.

Ich halte sowohl die gezähmte Interpretation als auch den Vorwurf der Gotteslästerung für unbegründet. Der Hiobdichter stachelt seine Hauptfigur bewusst an. Er will die Frage um Leid und Schuld im Angesicht Gottes theologisch auf die Spitze treiben. Meter für Meter lässt er seine Charaktere das Problem bearbeiten, und keinen Stolperstein dürfen sie überspringen. Hiob fällt die Rolle eines *advocatus diaboli* zu. Er soll Gott nicht lästern oder vor Leid nicht mehr wissen, was er sagt, sondern er soll unerbittlich seine Finger in jede theologische Wunde legen, die aufgerissen wird. Der Vorwurf, das Recht zu beugen beziehungsweise willkürlich zu quälen, ja zu töten, ist eine lebensgefährliche Wunde. Wird sie nicht geheilt, stirbt das Vertrauen zu Gott.

Es ist Zeit für Zofar, den dritten Freund. Geharnischt ergreift er das Wort und tadelt bitter Hiobs Misstrauen und Attacke gegen Gott. Der geschwätzige Wortschwall dürfe nicht ohne Antwort bleiben.

Hiob rufe Gott an? Nun denn, so Zofar: Lass ihn sprechen! Dann werde der spottende Maulheld schnell erkennen, dass seine Reinheitsbeteuerungen wertlos sind (11,6): »*Wisse, dass Gott dich zur Rechenschaft zieht in deiner Schuld.*« Unverdrossen insistiert Zofar auf den Tun-Ergehen-Zusammenhang und versucht, ihn erneut zu untermauern. Während sich sein Vorredner Bildad auf den Erfahrungsschatz der Vätergeneration bezog, geht Zofar einen großen Schritt weiter und verweist auf Gott selbst. Wenn Gott die Tiefen der Weisheit lehre, bleibe nur noch Staunen. Der direkte Fingerzeig auf die *Weisheit* verleiht dem Wink höchste Autorität. Die *Weisheit* gilt als Gottes erste und vornehmste Schöpfung. Sie umfasst das gesamte Wissen alles Erschaffenen und verkörpert gleichsam Plan und Wirken Gottes in der Welt. Nach Zofar ist das Aufspüren und Bestrafen von falschen Leuten, die Unrecht tun, im Weltenplan fest verankert. Die Kausalität zwischen dem Tun und Ergehen des Sünders oder Gerechten ist gleichsam eine Schöpfungseinrichtung, die außer Frage steht.

So ist Hiobs eigenmächtige Suche in den Tiefen Gottes zum Scheitern verurteilt. Die Vollkommenheit des Allmächtigen sei höher als der Himmel, tiefer als die Unterwelt, länger als die Erde und breiter als das Meer. Es stehe Gott zu, Falschheit und Unrecht bei den Menschen zu sehen und nicht umgekehrt, wie Hiob es sich erdreiste. Schnippisch rüffelt Zofar seinen Freund mit einem taktlosen Sprichwort (11,12): »*Kommt denn ein Hohlkopf zur Besinnung, wird ein Wildesel als ein Mensch geboren?*« Obwohl die hebräische Übersetzung schwierig und umstritten ist, meint es wohl: Hohlkopf bleibt Hohlkopf!

In diesem Denkschema hat unser streitbarer Ankläger nicht die geringste Chance aus seiner vermeintlich weisheitsblinden Warte, Gott des Frevels zu überführen. Letztlich rät Zofar großzügig, dass Hiob sein Herz in Ordnung bringen und demütig zu Gott umkehren solle. Dann könne er sein Ungemach vergessen, weil ein neuer Morgen in seinem Leben anbräche. Er könne wieder hoffen, sich geborgen fühlen und ausruhen ohne Schrecken vor der Tür. In den Ohren Hiobs muss das zynisch klingen. Den Spott Zofars gibt Hiob postwendend zurück. *Lügentücher* seien seine Freunde, allesamt *untaugliche Ärzte*. Ihren Hohn würden sie aus sicherer Position ausgießen, ohne Sorgen und wohl situiert. Wenn alle endlich schweigen wollten – das wäre echte Weisheit. So giftig war Hiob noch nie. Neben Gott kriegen auch Elifas, Bildad und Zofar gehörig ihr Fett weg.

Wenn seine Freunde für Gott Partei ergreifen, könne das nur schief gehen. Mit Lügen sei sein Walten nicht zu rechtfertigen. Die wohlfeilen Merksätze über die angebliche Gerechtigkeit Gottes bezeichnet Hiob als *Staub* und die Verteidigungsschilder der Lehre seien so bröckelig wie *Lehm*. Gott würde das den dreien nicht durchgehen lassen.

Hiob stellt sich dem Weisheitsargument offen entgegen. Er bezweifelt den untrüglichen Erfahrungsschatz der »Alten« (12,12): »*Findet sich bei Greisen wirklich Weisheit und ist langes Leben schon Einsicht?*« Bei Gott allein seien *Weisheit, Heldenkraft, Rat und Einsicht* zu finden. Doch den Herrn verstehen kann Hiob nicht. Sein eigenes Los und die undurchsichtigen Schicksale anderer Menschen blieben im Dunkeln. Hiob sieht zu viel Ungerechtigkeit und Willkür. Die Freunde behaupten, im Weltenlauf regiere die Hand Gottes nach der Tun-Ergehen-Vergeltung. Er, Hiob aus Uz, sehe etwas anderes (12,6): »*In Ruhe sind der Gewaltmenschen Zelte, voll Sicherheit sind die, die Gott erzürnen, die wähnen, Gott mit ihrer Hand zu ergreifen.*«

Wo bleibt hier die göttliche Gerechtigkeit? In der Welt scheint es gerade umgekehrt zu sein als der Tun-Ergehen-Zusammenhang weismachen will. Gewaltmenschen gehe es gut und den treuen, den aufrichtigen und bewährten Menschen ergehe es schlecht. Nach welchem Prinzip Gott handelt, ist Hiob schleierhaft. Nicht nur sein eigenes Schicksal hält Hiob für sinnlos, sondern auch das gesamte Schöpfungsprojekt »Menschheit«.

Doch er will es wissen, wenigstens in seiner Sache. Erneut pocht Hiob auf seine Unschuld und dringt auf Gott ein, sich zu erklären. Wenn er Sünden bei ihm entdeckt habe, von denen er nichts wisse, solle er es endlich sagen. Warum sieht Gott ihn als Feind an? Welche geheime Schuld werde ihm angerechnet? Hiob besteht auf einer verbindlichen Auskunft. Doch Gott bleibt stumm.

Wir stehen am Ende des ersten Redegangs. Jeder der drei Freunde hat einmal das Wort ergriffen und Hiob antwortete. Der Konflikt um das Leid und Gott, um Schuld und Sühne, um den Menschen und sein Leben an sich ist voll entbrannt. Eine Lösung ist nicht abzusehen. Keiner der Kontrahenten will nachgeben. Und Gott, die »graue Eminenz« im Hintergrund, redet nicht. Das Schweigen des Himmels lastet bleiern auf Hiobs Schrei nach Gerechtigkeit. Unser tragischer Held hadert mit seinem Leben, mit dem Leben des Menschen überhaupt.

Der Hiobdichter legt ihm denn auch am Ende des Abschnitts eine Elegie auf das Menschensein in den Mund (14,1–22):

»*Der Mensch, vom Weib geboren,*
knapp an Tagen, unruhvoll,
er geht wie die Blume auf und welkt,
flieht wie ein Schatten und bleibt nicht bestehen.« *(V. 1 f)*

Die wenigen Tage mit spärlichem Glück sind zu kostbar für zusätzliche Bedrängnis vom Himmel. Gott solle wegsehen, ablassen vom Menschen, damit dieser sich wenigstens wie ein *Tagelöhner* ein bisschen freuen könne. Denn anders als ein gefällter Baum, der noch Schösslinge austreibe, sterbe mit dem Menschen auch die Hoffnung. »*Wo ist er dann?*«, fragt Hiob rhetorisch. Eher werde der Himmel vergehen, bis ein Mensch wieder erwache. Habe sich einer hingelegt, stehe er nie mehr auf. Von einer Auferstehungshoffnung weiß Hiob noch nichts; sie wird sich im Frühjudentum erst zaghaft entwickeln.

TROTZIGE BESSERWISSEREI UND HOFFEN

Der Hiobdichter startet einen zweiten und dritten Redegang. Seine Akteure sind weder erschöpft noch fertig miteinander, und Munition für weitere Wortgefechte ist reichlich vorhanden. Hiob und seine Freunde empören und kränken sich, sie spötteln, höhnen und zürnen, sie knirschen mit den Zähnen und berufen sich unablässig auf Gott.

Elifas, der erste unter den drei Besuchern, eröffnet wieder den Reigen (15,1–35). Streng kanzelt er Hiob ab. Dessen Gerede über

Recht und Unrecht bei Gott tauge nichts. Seine vorgeblich weisen Antworten seien nichts als Wind, und listig sei die Sprache, die er gewählt habe. Allein schon dadurch verrate er sich als Sünder. Sein eigener Mund, seine eigenen Lippen würden gegen ihn zeugen. Nach Elifas hat sich Hiob zu weit aus dem Fenster gelehnt. Er hat die Gottesfurcht gebrochen und tut so, als hätte er die Weisheit für sich gepachtet. Aber andere könnten auch denken. Im Grunde wisse Hiobs nichts. Sein überheblicher Eifer habe in fortgerissen zum Zorn gegen Gott.

Diese »Schuld« aus Herzenserregung nimmt Elifas zum Anlass, um ein äußerst subtiles Argument ins Feld zu führen (V. 14): *»Was ist der Mensch, dass rein er wäre, der vom Weib Geborene, dass er im Recht sein könnte?«* In seiner ersten Rede hatte Elifas schon einmal darauf hingewiesen. Jetzt kommt er ausdrücklich darauf zurück und hält Hiob einen grundlegenden Makel des Menschen vor Augen. Was meint er damit genau? Hat er speziell Hiob im Sinn oder den *Menschen* an sich? Will er eine universal-anthropologische Aussage machen über die Stellung des Menschen vor Gott oder nur Hiobs Fehlbarkeit anprangern? Die Fragen sind schwer zu entscheiden. Sicherlich dürfen wir nicht von unserer theologiegeschichtlich belasteten Position aus in die Worte mehr hineininterpretieren als sie hergeben. Ich denke hier vor allem an den hohen und zerklüfteten Berg »Rechtfertigungslehre«. Paulus, Augustinus, Luther, das Trienter Konzil und ihrer Rezeption sind vom Hiobdichter noch weit, weit entfernt.

Schauen wir aus der Vogelperspektive auf die Redegänge des Elifas und der anderen sowie auf die Verteidigungsreden des Hiob, bietet sich ein Verständnis an. Das große Konfliktthema ist der Tun-Ergehen-Zusammenhang. Was hat der Sünder in seinem Leben zu erwarten und was der Gerechte? Für die drei Freunde stand bislang außer Frage, dass Hiob einiges auf dem Kerbholz haben muss. Darin wird sich auch weiterhin nichts ändern. Bereue und kehre Hiob um, würde sich seine desolate Lage alsbald zum Guten wenden. Mit seinem diffizilen Hinweis verschärft Elifas den Schuldvorwurf in psychologischer Weise oder nach biblischem Sprachgebrauch durch eine weisheitliche Argumentation. Der Abstand zwischen Gott und Mensch, zwischen göttlicher Heiligkeit und nur menschlicher Gerechtigkeit sei zu riesig. Gegenüber der Vollkommenheit Gottes tendiere die Kraft des Menschen zum reinen Herzen gegen null. Freilich ganz »null« ist sie nicht, daran zweifeln weder Elifas, noch die anderen beiden, noch die frühjüdische Weisheit. Die Möglichkeit zum Toragehorsam und die lange prophetische Mahn- und Bußtradition wird nirgends im alttestamentlichen Korpus in Frage gestellt. Groß allerdings ist die Gefahr der Selbstüberschätzung der eigenen moralischen Integrität. Je nach religiös-ethischem Standpunkt kann diese Gefahr grell überzeichnet oder matt gedämpft ausgemalt werden. Die weisheitliche Position schätzt den Menschen aus ihrer lebensrealistischen Sicht eher schwach beziehungsweise erhöht fehlbar ein.

So steht Hiob nach Elifas auf sehr dünnem Eis. Dabei sei er so überheblich, dass er den zerbrechlichen Boden ignoriere. Allein seine gehässigen Angriffe auf Gott reichten aus, ihn einbrechen zu lassen. Zuvor sei er jedoch schon längst untergegangen aufgrund irgendwelcher Missetaten, die Hiob aber partout nicht wahrhaben wolle.

Im längeren Schlussteil seiner Rede hält Elifas seinem Freund genüsslich den Untergang eines Frevlers vor Augen und lässt an dessen hoffnungslos-verkorkstem Leben kein gutes Haar: Frevler würden alle Tage in Ängsten verbringen. Not und Drangsal seien ihr tägliches Los. Sie würden weder reich werden noch in Frieden leben können. Unheil brächten sie hervor und Unheil würden sie ernten.

Für Hiob sind das alte Sprüche. Ähnliches habe er schon oft gehört. Genau dieselben inhaltslosen Worte könnte er vorbringen, wären die drei an seiner Stelle. Doch die Phrasen bringen nichts, sie verbreiten nur Häme. Hiob lässt sich von Elifas' Spitzfindigkeit und Gedonner nicht irritieren. Bockig schleudert er ihm und dem Himmel entgegen, dass kein Unrecht an seinen Händen klebe und sein Gebet lauter sei. Gott gehe rechtlos vor gegen seinen treuen Knecht und misshandle ihn grundlos.

Wiederum empört sich Hiob über alle Maßen. Schön in Ruhe habe er gelebt, bis Gott ihn unvermittelt im Nacken gepackt, zerschmettert und zur Zielscheibe gemacht habe. Seine Pfeile würden ihn umschwirren; schonungslos durchbohre Gott seine Nieren und seine Galle würde er auf der Erde verschütten. »*Mein*

Gesicht ist vom Weinen rot und Dunkel liegt auf meinen Wimpern« (16,16).

Hiob klagt herzzerreißend, und wir können zutiefst mitfühlen. Die Worte seiner Lippen sind uns allzu vertraut. Hier wird Hiob wir selber, wenn uns schweres Leid getroffen hat wie ein Blitzschlag, wenn wir niedergestreckt und ausgeschüttet sind ohne Halten, ohne Trost und ohne das kleinste Licht auf die Frage: WARUM? Warum trifft uns in dieser Schöpfung so viel Leid? Ist das nicht sinnlos mal sinnlos? Haben wir tatsächlich etwas verbrochen und spüren Gottes harte Hand?

Bildad ergreift zum zweiten Mal das Wort. Teilnahmslos prallt Hiobs Verzweiflung an ihm ab. Stattdessen beschwert er sich darüber, dass Hiob seine Freunde wie Vieh verachten würde. Die Selbstzerfleischung hätte ihm jeden Klarblick verdorben. Was Hiob verlange, sei vergleichbar mit der Entvölkerung der Erde oder dem Verrücken von Felsen, das heißt, es ist völlig unmöglich und absurd. Wohl inspiriert von Elifas' Frevlergeschick strickt Bildad eine Fortsetzung des Horrorszenariums. Er schwelgt geradezu über den Seelenschrecken von Frevlern, über ihr leibliches Verderben und ihr allgemeines Unheil im Leben. Vielleicht verspricht sich Bildad eine Art Gehirnwäsche bei Hiob. Irgendwann müsse er doch klein beigeben und erschöpft sagen: »Ja, so ist es.«

Wir können es vermuten: Hiob bleibt hartnäckig. Der Dichter hält zu seiner Hauptperson. In der Gegenrede taucht jedoch ein neuer Ton auf. Zum ersten Mal fängt Hiob an zu hoffen und spricht sogar von *Erlösung* aus seinem pechschwarzen Tränental. Zuvor ist ihm wichtig, die Qual durch seine Freunde beim Namen zu nennen und die drei barsch abzuweisen. Schon zum zehnten Mal würden sie ihn schmähen und mit Worten niedertreten. Sie sollten sich schämen, ihn andauernd zu beleidigen. Beim Namen nennt Hiob erneut auch seine Qualen vom Himmel her. Gottes Gewalttaten gegen ihn seien unbegreiflich. Ausgeliefert sei er, rechtlos und ehrlos, ohne Hoffnung und Hilfe. Seine Mägde und Knechte würden ihn wie Luft behandeln, seine engsten Verwandten ekelten sich vor ihm, seine Gefährten und Lieben verabscheuten ihn. Alles Fleisch unter der Haut ist auch dahin; geblieben sei ihn nur noch ein wenig Zahnfleisch, wie Hiob sarkastisch anmerkt (19,20).

Seine Klageworte möchte er für immer aufgeschrieben haben, am besten in Fels gehauen mit eisernem Griffel. An diesem tiefsten Punkt lichtet sich Hiobs düsterer Blick unvermittelt. Er rafft sich auf und ruft (19,25 ff):

>*Doch ich weiß, mein Erlöser lebt,*
als Letzter erhebt er sich über dem Staub.
Ohne meine Haut, die so zerfetzte,
und ohne mein Fleisch werde ich Gott schauen.
Ihn selber werde ich dann für mich schauen;
meine Augen werden ihn sehen, nicht mehr fremd.
Danach sehnt sich mein Herz in meiner Brust.«

Diese Verse stellen den meist kommentierten Abschnitt im Hiobbuch dar – zumindest in der christlichen Exegese. Im Laufe der Jahrhunderte wurden zahlreiche Deutungsversuche vorgetragen. Zentraler Punkt ist die Frage, ob Hiob an dieser Stelle von *Auferstehung* spricht und von einem bestimmten *Erlöser*, der immerwährend lebt. Die vorliegende Übersetzung scheint das nahe zu legen.

Es wundert nicht, dass die Stelle vielfach christologisch gedeutet wurde und wird. Der *Erlöser* ist dann Christus, der Messias, und Hiob glaubt an seine *Auferstehung*. Der kirchenamtliche Bibelübersetzer Hieronymus hat sich in seiner lateinischen Vulgata eigenmächtig in diese Richtung festgelegt: »*Ich werde am Jüngsten Tag auferstehen*«, lässt Hieronymus den Hiob bekennen. Ähnlich formulierte es Luther: »*. . . und er wird mich hernach aus der Erden auferwecken*«. Trotz der breiten Wirkungsgeschichte – man denke etwa an Händels *Messias* – hat die christologische Interpretation keinen Anhalt am Text. Darüber sind sich Alttestamentler und Hiobspezialisten weitestgehend einig geworden.

Wer ist aber der »Erlöser«, der lebt und zu Hiob kommen wird? Im Hebräischen steht *go'el*, d. h. *Löser*. Der *go'el* meint gewöhnlich einen Anverwandten, der aus Familien- oder Sippensolidarität für jemanden etwas *auslöst*. Das kann ein Acker sein (Buch Rut!) oder ein Mensch (Schuldsklave) oder sonst was –

sogar ein Racheanspruch. Mit *Erlöser* im christlichen Sinn beziehungsweise im Wortsinn unseres religiös beeinflussten Sprachgebrauchs, darf der *go'el* nicht gleichgesetzt werden. Dennoch gilt: Der *go'el* ist ein Helfer, einer, der das Recht wiederherstellt, ja ein Befreier. In Hinblick auf den Exodus Israels aus Ägypten ist Jahwe persönlich ein *go'el*, der sein Volk von der Knechtschaft ausgelöst/befreit hat (z. B. Ex 6,6). Und nach Deuterojesaja wird Jahwe Israel gleichermaßen aus der babylonischen Gefangenschaft auslösen und befreit heimführen (z. B. Jes 41,16).

Es spricht vieles dafür, im *go'el* Hiobs Gott selbst zu sehen. Dass Hiob Gott als Anwalt gegen Gott anruft, ist nur vordergründig widersprüchlich. In allen seinen Gegenreden hatte Hiob stets eines verlangt: Gott möge Auskunft geben! Jetzt sieht er die Hoffnung, nein, er glaubt zu wissen, dass sich Gott tatsächlich erklären werde. Dann wird er wie ein Anwalt sein, ein lösender *go'el*, der sein eigenes Handeln aufdeckt und Hiob vom quälenden »warum« befreit. Wann und wie das geschehen wird, bleibt Hiob noch verborgen. Die Wortwahl der *Einheitsübersetzung (und ohne mein Fleisch werde ich Gott schauen . . .)* darf nicht missverstanden werden. Hiob kennt keine »Ewigkeit«, wo er als *Seele* oder *Geist* Gott schaut. Das aktuelle Leben zählt und in diesem Leben will er es wissen. Georg Fohrer schreibt in seinem großen Hiobkommentar treffend: »*In diesem geschundenen und abgemagerten Körper möchte er (sc. Hiob) Gott sehen, wie er auf Erden für ihn eintritt! Infolge seiner Krankheit ist ja seine Haut ›geschunden‹ (. . .) und sein Leib ›ohne Fleisch‹, d. h. abgemagert (V. 20).*«[1]

Am Ende der ersehnten Gottesreden wird Hiob wirklich aussprechen (42,5b): »*Jetzt aber hat mein Auge dich geschaut.*« Noch ist es nicht so weit. Um Hiob bleibt es Nacht, in der Gott wie ein Dämon haust und seine Freunde wie spottende Quälgeister auftreten. Zofar steht schon bereit.

Der letzte Freund im Dreierbund ist nicht besonders kreativ. Er versteift sich auch auf das elende Los der Frevler – als wolle er das Maß übervoll machen und Hiob bis aufs Blut reizen. Seine Schreckensliste (20,4–29) entfaltet er länger als seine Vorredner es getan haben. Gleich zu Beginn hält er jedoch inne und konzediert einen gewissen *Jubel* bei Frevlern. Der sei allerdings nur kurz, die Freude dauere nur einen Augenblick. Der stolze Übermut von Sündern habe keinen Bestand und sei flüchtig wie ein Traum. Denn im Himmel sei der glühende Zorn Gottes entbrannt. Dieser würde Schläge um Schläge herabregnen lassen. Flucht wäre sinnlos, Gott schieße Frevlern auch in den Rücken. Insgesamt mutet Zofars Gedankenwelt sadistisch an. Er berauscht sich geradezu an Unheil und Schrecken, die er von Gott ausgehen sieht.

Auf so viel Frevlerunglück reagiert Hiob gelassen. Was seine Freunde weitschweifig und minuziös daherreden, ist ihm nichtig und Gaukelei. Hiob grantig: »*Warum bleiben Frevler am Leben, werden alt und stark an Kraft? Ihre Nachkommen stehen fest vor ihnen, ihre Sprösslinge vor ihren Augen. Ihre Häuser sind in Frieden, ohne Schrecken, die Rute Gottes trifft sie nicht. Sie singen zur Pauke und Harfe, erfreuen sich am Klang der Flöte, verbrauchen ihre Tage im Glück und fahren voll Ruhe ins Totenreich*« (21,7–21 / Auszug).

Das ist Ketzerei in den Ohren von Elifas, Bildad und Zofar. Sie können ihm aber nicht beikommen, denn Hiobs Feststellung ist raffiniert. Er argumentiert auf derselben Ebene wie die Freunde und schlägt sie mit ihren eigenen Waffen. Hiob stellt nicht nur das grässliche Geschick der Frevler in Frage, sondern weist darauf hin, dass es sich umgekehrt verhalte. Schon einmal war er im ersten Redegang darauf zu sprechen gekommen, jetzt scheint ihm die Geduld geplatzt zu sein. Schall und Rauch verbreiteten seine Freunde über das vermeintliche Sünderelend, für Hiob reine Schauermärchen. Umgekehrt sei es doch: Alt und stark würden Frevler, reich seien sie an Kindersegen und Herdenbesitz, sie lebten in Frieden und würden frohe Zeiten verbringen bis zum Ende ihrer Tage.

Für Hiob laufen seine Freunde mit einem Brett vor dem Kopf umher, auf dem *Tun-Ergehen-Zusammenhang* steht. Sie sollten ihre Augen richtig öffnen und die Ohren spitzen. Ob sie denn nie Berichten von fahrenden Kaufleuten gelauscht hätten, fragt Hiob. Jene würden ihnen klipp und klar erzählen, dass böse Menschen gut bis bestens über die Runden kämen. Hiob ist ratlos und deprimiert: »*Was ist der Allmächtige, dass wir ihm dienen, was nützt es uns, wenn wir ihn angehen?*« (21,15)

Unbeirrt führt der Dichter seinen Hiob an den Grenzen des Gottesglaubens entlang. Die grundlegende Frage nach dem Nut-

44

zen von Frömmigkeit ist eine Provokation mehr auf dem Pfad der tabufreien Gottesauseinandersetzung.

AUSGESTRITTEN UND LETZTE WORTMELDUNG HIOBS

In der letzten Gesprächsrunde knüpft Elifas an das Stichwort »Nutzen« an. Kein Mensch könne Gott nutzen, ohne Wert und Gewinn sei ihm Hiobs Gerechtigkeit (22,2 ff). Hat Elifas seinen Freund absichtlich missverstanden? Darum ging es Hiob gar nicht. Er fragte nach dem »Gewinn« für den Menschen und nicht, ob sich Gott irgendwie besser fühle durch fromme Verehrung. Wohl berechnet drehte Elifas die Perspektive um: Er braucht freie Bahn für seine letzte Attacke.

Es scheint, als sei Elifas in die Ecke gedrängt, denn polternd tritt er die Flucht nach vorne an. Was Hiob lange vergeblich angemahnt hatte, schleudert er ihm nun entgegen. Eine Untat nach der anderen wirft Elifas faustgrob dem untadeligen Hiob an den Kopf: »*Du pfändest ohne Grund deine Brüder, ziehst Nackten ihre Kleider aus. Den Durstigen tränkst du nicht mit Wasser, dem Hungernden versagst du das Brot. Dem Mann der Faust gehört das Land, der Günstling darf darin wohnen. Witwen hast du weggeschickt mit leeren Händen, der Verwaisten Arme zerschlagen*« (22,6–9). Die Aufzählung liest sich wie ein Sündenregister aus der tiefsten Hölle. Was Hiob hier unterstellt wird, haben Tora und Propheten als Rechtsbruch par excellence angeprangert. Elifas hat gleich die schwersten Geschütze aufgefahren. Wie könne Hiob so dreist sein zu sagen: »*Was weiß denn Gott?*« (21,13 a). Nach Ansicht des Herrn Elifas hat der feine Großgrundbesitzer aus Uz seine Umgebung geblendet. Insgeheim und hinten herum habe er Misstat über Missetat verübt. Hiob sei so etwas wie ein ausgebuffter Halunke, der es geschafft habe, alle über den Tisch zu ziehen. Außer Gott! Der zahle ihm jetzt alles dreifach heim und präsentiere der Welt den frommen Hiob als Sünder.

Elifas ist maßlos und perfide. Unser Hiobdichter schreibt auch seinen drei Besuchern sehr furiose Streitbeiträge. Keine Möglichkeit einer eventuell doch gerechten Vergeltung will er unbeachtet lassen.

Elifas, Bildad und Zofar haben allerdings nichts Entscheidendes mehr vorzubringen. Ihre Sicht ist ausgereizt und ihre Gedanken verschlissen. Dem Elifas bleibt in seinem Schlusswort nur Hiob anzumahnen, demütig zu Gott umzukehren. Die Worte wirken versöhnlich, als habe sie Elifas seinem Freund beim Abschied auf der Türschwelle schulterklopfend zugeraunt: Werde Gottes Freund und halte Frieden! Nur so wird das Gute dir zukommen. Kehre um!

Den konkreten Schuldvorwurf lässt Hiob links liegen. Er betrachtet sich als rein und ist bereit, offen vor Gott zu treten. Da würde sein Mund an Beweisen überfließen. Hiob ist gewiss: Hätte er Gelegenheit mit Gott zu rechten, käme er frei von seinem Richter.

Doch weil Gott es auf ihn abgesehen habe, sieht sich Hiob in einem Labyrinth ohne Ausweg. Energisch klopft er an jede Wand, lautstark ruft er an jeder Ecke und lauscht auf eine Stimme, die ihn anspricht. In allen Winkeln stöbert Hiob nach irgendwelchen Anzeichen von Gott. Vielleicht ist er da oder dort, seine helfende Gegenwart hier oder drüben. Dann könne er hingehen und ihn auf Beistand verpflichten. Aber nirgends auch nur der kleinste Wink. Gott ist stumm und fort. Wo ist Gott?

»Geh ich nach Osten, so ist er nicht da,
nach Westen, so merke ich ihn nicht;
nach Norden, sein Tun erblicke ich nicht;
bieg ich nach Süden, sehe ich ihn nicht.« *(23,8 f)*

Hiob ist zutiefst erschüttert. Dass Gott schweigt, sei schlimm genug, unerträglich wird ihm aber dessen Abwesenheit in der Welt. Hiob bäumt sich auf und reißt an einer theologischen Wunde, die seit Menschengedenken blutet und sich beharrlich einer Heilung widersetzt. Die Überschrift der Einheitsübersetzung zu diesem Redeabschnitt (24,1–17) lautet verharmlosend: *Der Übermut der Sünder.* Hiob beginnt mit einer verzweifelten Wehklage, die auch am Ende stehen könnte: *»Warum hat der Allmächtige keine Fristen bestimmt? Warum schauen, die ihn kennen, seine Gerichtstage nicht?«*

Was Hiob meint, wird schnell deutlich. Er dekliniert durch, wie bösartig, gemein und schäbig, wie brutal und verwerflich

Menschen miteinander umgehen. Er spricht von habgierigen Schuften, die Witwen und Waisen bestehlen, von schamlosen Ausbeutern der Armen, von herzlosen Kinderversklavern, von Kriegsgräuel, Mord und Totschlag. All das geschehe unter den Augen des Allmächtigen. Warum setze er solchem Treiben kein Ende (Frist)? Warum gebe es kein Gericht für die Boshaften? Warum greife Gott nicht ein? Warum? Spätestens hier wird Hiob zum Sprecher aller Menschen. Heute mehr denn je. Auch ohne eigenes Hiobschicksal quält die Frage, warum Gott den Orgien des Bösen auf der Welt tatenlos zusieht. Selbst die Menschenverächter betrifft dieses »WARUM«, nur aus anderer Perspektive.

Der theologische Dichter hat seinem Gott-Leid-Drama eine neue und letzte Schärfe verliehen. Hiob stellt die gesamte Schöpfung in Frage und zweifelt ihren Sinn an.

Es stehen noch zwei Wortmeldungen von Bildad und Zofar sowie Hiobs Antworten aus. Allseits zufriedenstellend sind die Redebeiträge nicht mehr zu rekonstruieren. Der Textfluss schlägt unvermittelt Haken und ganze Kehren. Vermutlich ist irgendwann bei der Weitergabe des »Hiob« der fragliche Abschnitt durcheinander geraten. Ob die Beiträge noch vollständig sind, ist nicht sicher. Vielleicht wurden einige Verse von späterer Hand aussortiert oder sind schlicht verloren gegangen beziehungsweise zerstört worden. Am ehesten dürfte Hiobs Abschlussrede komplett sein.

Neue Einsichten bringen Bildad und Zofar keine mehr vor. Sie wiederholen eindringlich, was schon gesagt wurde. Bildad betont abermals die extreme Sündhaftigkeit des Menschen (vgl. Elifas). Wenn in den Augen Gottes selbst der Mond und die Sterne trüb erscheinen, wie könne dann der Mensch vor Gott bestehen, diese *Made*, dieser *Wurm* (25,5 f). Nicht sehr fein ausgedrückt, aber deutlich. Was zum Einwand des Elifas bemerkt wurde, gilt auch hier: Das Anliegen ist ein weisheitlich motivierter Abgleich und keine dogmatische Existenzaussage. Konkrete Schuld will Bildad weder Hiob noch anderen nachsagen. Des weiteren verweise ich auf das Kapitel zur Paradieserzählung.

Zofar hat sich von seiner zweiten Rede noch nicht beruhigt. Rasant schwingt er das Unheilszepter über die Frevler fort. Was er dabei an rachgieriger Fantasie entwickelt, ist schon erstaunlich. Ginge es nach ihm, wäre Gott unablässig damit beschäftigt als Orkan des Schreckens, der Vernichtung und des Todes kreuz und quer durch die Lande zu fegen. Übrig bliebe ein Häuflein Gerechter, die dann das erben könnten, was den Frevlern genommen wurde. Arrogant und selbstsicher fragt Zofar abschließend: »*Ist es nicht so? Wer straft mich Lügen und bringt meine Rede zum Schweigen?*« *(24,25)*

Der Hiobdichter wird darauf antworten müssen. Egal in welche Richtung er sich entscheidet, sein Lösungsversuch wird das Glaubensleben, den Gottesglauben und die Theologie insgesamt verändern. Noch ist es nicht soweit. Erst steht Hiobs finale Rede an.

Wir können es vorhersehen. Hiobs letzte Worte in seinem Streit mit den Freunden und vor allem mit Gott weichen kein Jota vom früher Gesagten ab. Er bleibt standhaft und hält seine Ehre hoch.

Hiob pocht auf seine Unschuld und beweint sein elendes Los. Nostalgisch erinnert er sich an bessere Zeiten, als er noch die Freundschaft Gottes erfuhr und seine Kinder ihn umgaben. Junge Leute und Greise, Edle und Fürsten hätten ihn geachtet und glücklich gepriesen. Das nicht von ungefähr. Gerechtigkeit und Gutherzigkeit seien ihm wie ein *Mantel* und *Kopfbund* gewesen. Er habe den Armen, der schrie, gerettet, hilflosen Waisen beigestanden, jammernde Witwen erfreut, sich für Unbekannte bei Rechtsstreiten eingesetzt, Blinden sei er Auge und Lahmen Fuß gewesen, schließlich hätte er gegen böse Menschen gekämpft und ihnen die Beute entrissen. Doch seine untadelige Lebensweise habe ihn in falscher Sicherheit gewogen. Hiob rechnete sich aus, dass der Segen über sein Leben und Glück nie weichen werde: »*So dachte ich: Mit meinem Nest werde ich verscheiden und gleich dem Phönix meine Tage mehren.*« *(19,18)*

Das böse »Erwachen« kam wie ein Dieb in der Nacht. Hiob kann es einfach nicht fassen, wie tief er gesunken ist. Jetzt würden junge Leute ihn verlachen, deren Väter er nicht mal bei den Hunden seiner Herden angestellt hätte. Zum Klatsch sei er geworden für das übelste Gesindel. Verabscheuen würden sie ihn und ihm schamlos ins Gesicht speien. Freund und Bruder sei er nur noch Schakalen und Straußenhennen.

Seine Schmerzen ließen ihm auch keine Ruhe. Andauernd nagen sie in ihm und nachts durchbohre in Fieberglut der Schmerz seine Knochen. Hiobs Kräfte sind völlig aufgerieben, seine Seele ist in ihm zerflossen. Seinen Notruf zu Gott fühlt er brutal enttäuscht: »*Ich schreie zu dir und du erwiderst mir nicht; ich stehe da, doch du achtest nicht auf mich. Du wandelst dich zum grausamen Feind gegen mich, mit deiner starken Hand befehdest du mich.*« (30,20 f)

Der Hiobdichter hat alle Register gezogen. Kein Spießrutengang hat er seiner Hauptfigur erspart. Hiob ist zur jämmerlichsten Gestalt entwürdigt und übt auf uns Leser herzzerreißendes Mitgefühl aus. Nur eines stört, sein penetrantes Pochen auf absolute Schuldlosigkeit. Manche Ausleger wollen in dieser eitlen Anmaßung die versteckte Sünde Hiobs gefunden haben. Doch Vorsicht! Hiobs absolute Schuldentlastung gehört zum Kalkül des Dichters. An dieser Voraussetzung hängt wesentlich der Sinn seines theologischen Werkes. Wir werden die Konsequenzen zu bedenken haben.

So schreibt der Dichter dem Hiob zum Abschluss eine umfassende, eidliche Unschuldsbeteuerung (31,1–40).

Hiob beschwört vor Gott und den Menschen seine Unschuld. Er wählt dabei die Form des so genannten *Reinigungseides*. Dieser beinhaltet eine wirkmächtige Selbstverfluchung, falls irgendetwas Unwahres behauptet werde. An einigen Stellen spricht Hiob beispielhaft Drohungen gegen sich selbst aus, wenn zutreffe, was er verleugne. Insgesamt zählt Hiob eine Vielzahl von möglichen Sünden auf. Wie viel er dabei nennt, ist nicht eindeutig. Exegeten rechnen zehn bis vierzehn nach. Ich befürworte die Zählung von *zwölf* Versündigungen. Dafür sprechen inhaltliche und strophisch-rhythmische Gründe. Die Vergehen decken einen weiten Bereich von Tatsünden und gleichermaßen von sündhaften inneren Einstellungen ab. Warum gerade *zwölf* Versündigungen? Sind Hiobs Schwächen angesprochen? Sicher nicht. In der biblischen Tradition steht *zwölf* für die vollkommene Auswahl. Erinnert sei nur an die 12 Stämme Israels und daran anknüpfend an die 12 Jünger/Apostel Jesu. Gerne wird auch die Verstärkung von 12 × 12 gebraucht – eventuell mal 1000. Was der Dichter Hiob umkreisen lässt, ist repräsentativ gedacht. Andere, nicht genannte Verfehlungen sind durch den heiligen 12er-Reinigungseid eingeschlossen. Noch dringlicher und deutlicher kann Hiob sich nicht entschulden.

»Zu Ende sind die Worte Hiobs.« (31,40)

So schlicht, aber effektvoll beschließt der Dichter die emphatische Auseinandersetzung des Hiob mit Gott und der Welt. Es gibt nichts mehr zu sagen.[2] Hiob steht am Ende moralisch so integer da, wie sein Anfangslob lautete: untadelig und rechtschaffen, gottesfürchtig und dem Bösen abhold. Doch er leidet weiter, an Körper, Seele und Geist.

Wie geht die Geschichte aus? Hätte der Hiobdichter an dieser Stelle definitiv Schluss gemacht und das Ende der ursprünglichen Rahmenerzählung gleich mitgeteilt, sähe es sehr düster aus.

Alle warten auf Gott. Besonders Hiob will endlich wissen, warum zwischen ihm und dem Himmel Feindschaft ausgebrochen sei, warum Gott ihn verfolge und quäle, wo denn seine ominöse Schuld verborgen liege, die er so heftig bestreitet. Erwarten wir nicht, dass der Dichter genüsslich die Katze aus dem Sack lässt und den Satan als den Bösewicht, als den »Mörder« im Krimi entlarvt. Wie eingangs schon erwähnt, spielt der Satan im neu geschriebenen Hauptstück und eigentlichem Hiobbuch keine Rolle. Er taucht weder auf der Bühne auf, noch laufen im Hintergrund irgendwelche satanischen Aktivitäten. Die impertinente Wette zwischen Satan und Gott existiert nicht. Gott steht einsam im Mittelpunkt, er ist allein verantwortlich, er hat sich zu erklären. Der Dichter weiß das und er wird Gott gleich auftreten lassen.

Kundige Leser werden einwenden, dass es längst noch nicht so weit ist. Erst müsse der vierte Freund Elihu zu Wort kommen. Das ist richtig. Doch der Beitrag Elihus geht nicht auf das Konto unseres Dichters. Die Exegeten sind sich einig, dass hier ein Zusatz nachträglich in das Werk eingefügt wurde.

Der unbekannte Elihu-Autor will einen Aspektwechsel vornehmen. Das war wohl auch der Grund für den Einschub. Doch wesentlich anders als die drei vorherigen Freunde argumentiert

Elihu nicht. Auch für ihn ist der Tun-Ergehen-Zusammenhang Dreh- und Angelpunkt im »Fall« Hiob. Der ach so fromme und gerechte Hiob sei ein Sünder, ein verstockter obendrein. Gott antworte darauf mit Züchtigung, damit Hiob seine Augen öffnet, sich an die Brust schlägt und Besserung gelobt. Dem Sünder werden die Freveltaten des vergangenen Weges nicht einfach vorgerechnet und mit gleicher Münze vergolten. Auf die zukünftigen Taten eines neuen, gottgefälligen Weges komme es an – dafür seien die Strafen im Leben gedacht.

Strenge Ruten-Pädagogik Gottes – ist das die Lösung? Sicher nicht! Die Hiobgeschichte stellt sich diesem Ansinnen genauso in den Weg wie der reinen Taten-Vergeltung. Hiob hat nichts zu bereuen. Er ist kein Frevler; er muss nicht mit himmlischen Schlägen erzogen werden. Wir, die Leser der Geschichte wissen es, Hiob weiß es, und Gott weiß es allemal.

Aber noch umhüllt schwerer Nebel Hiobs Schicksal, noch steht eine klärende Antwort vom Himmel aus. Am Horizont formieren sich indessen die Wolken für den Auftritt Gottes und hinter ihnen wetterleuchtet sein Kommen.

Endlich! – Gott redet

VON STERNEN, RABEN UND UNGEHEUERN

Wie lange hat sich Hiob gedulden müssen! Zu seinen körperlichen und seelischen Leiden gesellte sich eine lastende zeitliche Qual. Sosehr Hiob anfänglich lobte und sich demütig ergab, soviel er hernach rief, schrie und seufzte, soviel er anklagte und verklagte, gegen Gott und die Besucher die Fäuste ballte, soviel er auch sein Leben verfluchte und Gott zum Rechtsstreit herausforderte, der Himmel blieb stumm. Diese Funkstille von oben zermürbte den armen Hiob mehr als die penetrante Besserwisserei seiner Besucher. Darüber hinaus zerrte der Hiobdichter auch gehörig an den Nerven seines Publikums. Der Geduldsfaden von uns Hörern der Geschichte ist ebenfalls arg strapaziert.

Gott muss jetzt antworten, und er wird antworten. Eines wissen wir schon im Voraus: Hiob bekommt keine Schuld präsentiert, keine vergessene oder nur geringfügige Freveltat vorgerechnet. Das Problem liegt woanders. Es zentriert sich in einer einzigen, aber weit reichenden und folgenschweren Frage. Sie brennt Hiob und uns unter den Nägeln:

Wo bleibt Gottes Gerechtigkeit im Weltenlauf?

Es ist *die* Frage aller Fragen. Hiob hat sie ungeschminkt gestellt und immer wieder nachgebohrt. Zuweilen riss ihn sein erbitterter Grimm weg, und er gab sich eigene Antworten. Dann bezichtigte er Gott selbst des Frevels, weil dieser den Frommen schlage und den Schurken, den Lästerern fettes Leben gewähre. Das ist mehr als nur ein Vorwurf oder eine Misstrauenserklärung. Die kosmische Gerechtigkeitsordnung steht auf dem Spiel. Geblendet von der Glut seines Zorns hat Hiob den Schöpfer und seinen Weltenplan gerichtet und für schuldig befunden. Der Hiobdichter wird diesen empörenden Schuldschrei: Unrecht! Unrecht! ausraumen müssen. Sein ganzes Werk um Gott und das »Leid« verdichtet sich an diesem Punkt.

»Da antwortete der Herr dem Hiob aus dem Wettersturm
und sprach:
Wer ist es, der den Ratschluss verdunkelt
mit Gerede ohne Einsicht?
Auf, gürte deine Lenden wie ein Mann:
Ich will dich fragen, du belehre mich!
Wo warst du, als ich die Erde gegründet?
Sag es denn, wenn du Bescheid weißt.
Wer setzte ihre Maße? Du weißt es ja.
Wer hat die Messschnur über ihr gespannt?
Wohin sind ihre Pfeiler eingesenkt? ...
Wer verschloss das Meer mit Toren,
als schäumend es dem Mutterschoß entquoll,
als Wolken ich zum Kleid ihm machte,
ihm zur Windel dunklen Dunst,
als ich ihm ausbrach meine Grenze,
ihm Tor und Riegel setzte
und sprach: Bis hierher darfst du und nicht weiter,
hier muss sich legen deiner Wogen Stolz?« (38,1–11)

Gott spricht aus dem Wettersturm. Das ist eine klassische Theophanie, eine Gottesoffenbarung, wie sie im Alten Testament an anderer Stelle auch vorkommt. Insgesamt sind Theophanien aber selten und eine besondere Würdigung für Hiob.

Zum ersten Mal seit Beginn der Geschichte wird Gott bei seinem Namen: *Jahwe* genannt (geringe Ausnahme: 12,9). Während der langen Dialoge mit den Freunden fiel der Name nicht. Jetzt bekommt Gott ein Gesicht, eine erkennbare Identität. Aus dem Wettersturm tönt keine anonyme Stimme, sondern der Gott Israels, den sein Volk als souveränen Schöpfer und Lenker des gesamten Kosmos ehrt.

Gleich zum Auftakt wird Jahwe deutlich. Er weist Hiob zurecht, weil dieser seinen Ratschluss verdunkle mit Gerede ohne Einsicht. Der Begriff *Ratschluss* in der Einheitsübersetzung ist etwas unglücklich gewählt. Besser wäre es, das hebräische *'esa* mit *Plan* wiederzugeben. Der Text zielt hier auf den Gesamtplan der Schöpfung, dessen gerechte Ordnung Hiob so harsch angezweifelt hat. Seit dem 3. Kapitel steht dieser Schöpfungsplan, der

Plan Gottes für die Welt, immer wieder im Kreuzfeuer von Kritik und Verteidigung. Doch aus ihren Ecken heraus argumentierten sowohl Hiob als auch die Besucher tendenziös bis polemisch. Die klärende Einsicht muss aus einem anderen Blickwinkel kommen. Der Dichter entschied sich für eine Perspektive des Himmels, weg von allen menschlichen Urteilen, die nur Vor-Urteile sein können.

Jahwe nimmt den Fehdehandschuh auf, der ihm rüde entgegengeworfen wurde. Hiob soll seine Lenden gürten wie ein Kämpfer und sich dem stellen, was der Herr ihm zu sagen hat.

Wo Hiob gewesen sei, als die Erde gegründet wurde, fragt Gott nach. Was er denn wisse über die Maße, das Ausmessen und die Verankerung der Welt, ob ihm klar sei, wer das Ur-Meer begrenzte, als es wild schäumend alles zu überfluten drohte, und wer es derart gezähmt mit Wolken und Dunst einhüllte? Das sind allesamt letzte Fragen zur Schöpferweisheit und Schöpferkraft Gottes. Sie sind rhetorisch gestellt, denn die Antwort liegt auf der Hand. Gott allein schuf mit souveräner Einsicht und Stärke. Niemand stand ihm bei, niemand gab ihm Ratschläge. Hiob weiß nichts. Ihm bleibt nur ehrfürchtiges Staunen.

Nach dieser Ouvertüre entfaltet der Dichter alle möglichen Facetten göttlicher Weisheit und Kraft. Eine rhetorische Frage nach der anderen prasselt auf Hiob nieder: War Hiob schon an den Quellen des Meeres? Hat er den Urgrund durchschritten und hinter die Tore der Todes geschaut? Weiß er, wo das Licht und die Finsternis wohnen und wo Schnee und Hagel herkommen? Wer ist der Vater vom Regen, vom Tau und vom Eis? Und wer sendet Donnergewölk in die Steppe, damit auch die unbewohnte Wildnis satt werde und frisches Gras wachse? Hält er das Siebengestirn, die Plejaden, zusammen? Lässt er den Orion wandern und sorgt er für den Rhythmus der Tierkreissterne? Kennt Hiob überhaupt die Gesetze des Himmels und die Urkunde der Erde? (nach 38,16 ff).

Im zweiten Teil der Rede wendet sich Gott den Tieren und ihrer Lebensweise zu. Gerade hat er des Ibis' Weisheit und die Einsicht des Hahns gepriesen. Die Nennung des Ibis hängt wohl mit der ägyptischen Mythologie zusammen, die das Tier dem weisen Gott Thot (Totenrichter) zuordnet. Und im Judentum wird der Hahn verständig genannt, da er den Tag von der Nacht zu unterscheiden vermag. Weiter fragt Gott, ob Hiob die Beute für die Löwin erjage oder den umherirrenden Rabenjungen ihre Nahrung gebe oder die Wurfzeit der Steinböcke kenne oder dem Pferd seine Stärke und Schönheit gab oder den Falken und Adler befehlen würde, sich hoch in die Lüfte zu schwingen.

Insgesamt werden zehn Tiere angesprochen, deren Anzahl symbolisch die beiden Hände füllt. Der Dichter dürfte die Tiere ausgewählt haben, weil ihre Lebensweise und ihr Lebensort relativ unabhängig ist gegenüber der menschlichen Welt. Sie sind wundersam, widerspenstig und bedrohlich. Auch diese und andere Tiere profitieren in ihrer *Welt* von den Gaben Gottes und seiner Fürsorge. Beutejagd und Nahrung, Nachwuchs und Freiheitsdrang, Unbezähmbarkeit, wilde Kraft und Stolz, auch seltsames, ungeschicktes Verhalten, Schläue und majestätisch-mutiges Benehmen ist Schöpfertum Gottes. Übrigens stammt unsere Redensart von herzlosen *Rabeneltern* aus dieser Stelle des Hiobbuches (38,41) – allerdings in missverständlicher Auffassung. Die Jungen der Raben irren nicht umher ohne Futter, weil sie verlassen worden sind. Vielmehr gelten sie als besonders gierige Allesfresser, die ihre unermüdlich nahrungssuchenden Eltern stets sehnlichst erwarten.

Am Ende dieser ersten langen Rede fordert Jahwe den Hiob auf zu antworten. Er habe doch Gott angeklagt und einen Rechtsstreit gefordert. Doch Hiob reagiert sehr zurückhaltend, als sei er vom Feuerwerk des Gottesfragen noch geblendet: »*Siehe, ich bin zu gering. Was kann ich dir erwidern? Ich lege meine Hand auf meinen Mund*« (40,4). Hiob weiß, dass er vor der Klugheit und Stärke Gottes nur verstummen kann. Fortan will er seinen Mund halten und die Anklage nicht weiter ausbauen. Von Zurücknahme spricht Hiob freilich nicht, noch nicht.

Abermals antwortet Jahwe aus dem Wettersturm. Er richtet an Hiob eine zweite große Rede über die Schöpferkraft Gottes (40,6–41,26). Zum Auftakt erinnert er Hiob an seinen noch aufrechterhaltenen Schuldspruch. Ironisch fordert Jahwe ihn auf, doch selbst die Sache in die Hand zu nehmen: Wenn du einen Arm hättest wie Gott, dann könntest du alle Stolzen nach Gutdünken demütigen und die Frevler auf der Stelle zertreten.

Pointiert ausgedrückt heißt das: Gott könnte die Frevler vernichten, tut es aber nicht, und Hiob würde sie gern vernichten, doch er kann es nicht.

Gott betont ausdrücklich seine Macht, indem er Hiob die Ungeheuer Behemoth und Leviathan vor Augen führt. Auch diese bedrohlichen Wesen habe er geschaffen und beherrsche sie.

Wer sind Behemoth und Leviathan? In der Einheitsübersetzung werden sie zoologisch korrekt als Nilpferd und Krokodil beschrieben. Doch in ihrer tieferen Bedeutung sind sie wesentlich mehr. Um beide Tiergestalten rankt ein mythologischer Kranz, der vor allem aus ägyptischen Quellen stammt. Seit Urzeiten fanden sich Flusspferde und Krokodile am Leben spendenden Nil, beeindruckten durch ihre Größe und waren schier unbezwingbar. Es wundert nicht, dass sie zunehmend religiös-rituelle Bedeutung gewannen. Das Behemoth-Nilpferd und das Leviathan-Krokodil wandelten sich zu Chaosungeheuern, die nur durch wiederholte rituelle Tötung gebannt werden konnten. Es war Aufgabe des Königs, das rote, männliche Nilpferd und das Krokodil zu jagen, zu erlegen und somit die Chaosmacht zu bändigen. Entsprechend war vom Kampf des Gottes Horus, des Welterhalters, mit dem Götterfeind Seth die Rede, als dessen Verbündete die Chaostiere Nilpferd und Krokodil galten. Im Vergleich zum mächtigen Flusspferd war das Leviathan-Krokodil weitaus gefürchteter. Als mythisches Ungeheuer war der Leviathan der urzeitliche Chaosdrache im Meer. Besonders in kanaanäisch-mesopotamischen Überlieferungen agierte der Riesendrache als großer Gegner zur Schöpfergottheit. Erst nach dem Sieg über die Chaosmacht konnte die Weltordnung entstehen.

Der Hiobdichter umschreibt den Leviathan in allen Grauen erregenden Einzelheiten. Wehe dem, der sich diesem Monstrum mit seinem mächtigen Leib, seinem Doppelpanzer und einem an Tore gemahnenden Maul, mit seinem feurigen Atem, seinem Herz aus Stein und was noch alles ausgesetzt sähe. Keiner unter dem Himmel käme heil davon. »Auf Erden gibt es seinesgleichen nicht, dazu geschaffen, um sich nie zu fürchten« (41,25) Entsetzlich! Doch auch dieser grässliche Leviathan ist Gottes Schöpfung, ihm unterworfen und von ihm abhängig wie jedes andere Tier.

Hier endet die zweite Rede Jahwes an Hiob. Er hat gesagt, was zu sagen war. Doch, was folgt daraus?

WAS JETZT? – SCHACHMATT FÜR DIE FREUNDE

Die zwei wirbelnden Ansprachen machen den Eindruck, als wäre Hiob in jenen Wettersturm geraten, aus dem Jahwe sprach. Wie ein heftiger Platzregen sind die stakkatoartigen Fragen niedergeprasselt. Der streitbare Gottesankläger steht am Ende da wie der sprichwörtlich begossene Pudel.

Was haben ihm die so lang ersehnten Antworten Gottes gebracht? Weiß Hiob jetzt, warum er leidet, was den Himmel bewogen hat, einem gerechten und frommen Mann so übel mitzuspielen? In den Reden hat Gott einen weiten Bogen geschlagen, doch kam Hiobs Problem darin vor?

Viele Ausleger der Hiobgeschichte sehen hier einen wunden Punkt. So zentral die Gottesreden sein mögen, ihr Inhalt sei enttäuschend und ihre Form deplatziert. Ermüdende Naturlehrstunden habe der Dichter doziert oder einen trostlosen Monolog geschrieben, gar spöttischen Sarkasmus aufgeboten und noch mehr.

Unter den Theologen erwähne ich beispielhaft Heinz Zahrnt. In seinem Buch über Hiob und das Leid[1] bekennt er offen seine Enttäuschung über die göttliche Imponiergebärde einhundertzwanzig Verse lang. Habe Gott es nötig, fragt Zahrnt, »dem in der Asche Hockenden, vor allem längst Entblößten noch seine Übermacht zu beweisen?« Rede Gott damit nicht schnurstracks an Hiob vorbei, wie ein schlechter Seelsorger? »Hiob erhält keinerlei Aufschluss über die Ursache seines Geschicks, und die Frage nach dem Sinn des Laufs und Leids der Welt wird nicht einmal gestreift.« Zahrnt gesteht dabei ein, dass ihn die positive Reaktion Hiobs jedes Mal neu überrasche. Besonders grimmig gibt sich Ernst Bloch. In seiner Hiobinterpretation lässt er am Auftritt Gottes kein gutes Haar.[2] Jahwe hätte sich als boshafter Naturdämon erwiesen, der auf das menschliche Wohl pfeife und machtbesessen sei. Nur um seine Majestät zu zeigen, griffe er auch auf sinnlose, blutig-rohe und monströse Beispiele

57

aus der Tierwelt zurück. Dieser Natur-Baal-Jahwe habe mit dem Vulkan-Jahwe anderer Bibelstellen nichts gemein. Gegenüber einem solchen Gott falle der moralische Triumph des Rebellen Hiob nur umso deutlicher aus.

Was wird Hiob tun? Welche finale Geste verlangt der Dichter von seinem Helden? Hiobs letzte Worte sind deutlich (42,1–6):

>*Da antwortete Hiob dem Herrn und sprach:*
Ich hab erkannt, dass du alles vermagst;
Kein Vorhaben ist dir verwehrt.
Wer ist es, der ohne Einsicht den Rat verdunkelt?
So habe ich denn im Unverstand geredet über Dinge,
die zu wunderbar für mich und unbegreiflich sind.
Hör doch, ich will nun reden,
ich will dich fragen, du belehre mich!
Vom Hörensagen nur hatte ich von dir vernommen;
jetzt aber hat mein Auge dich geschaut.
Darum widerrufe ich und atme auf,
in Staub und Asche.<

Eingeständnis, Unterwerfung, Widerruf – ist das der Hiob, wie wir ihn kennen? Kein Blatt hat er vor den Mund genommen, gegen Gott rebelliert und sich über die Welt empört. Er forderte den Himmel heraus wie kein anderer, gab Kontra, obwohl er mit dem Rücken zur Wand stand, hat sich schlimm beschuldigen und übel beleidigen lassen müssen. Bis zum Ende verteidigte er wacker seine Unschuld und schärfte erbittert seine Gottesanklage. Doch plötzlich widerruft er und gibt Gott Recht. Hat Hiob kapituliert? Ist er vor der geballten Wucht göttlichen Auftretens in die Knie gegangen? Ist er kleinlaut geworden vor dem gelehrigen Redeschwall aus dem Himmel?

An den wenigen Versen der letzten Hiobworte entscheidet sich, in welche Richtung das Drama um »sinnloses« Leid, Verzweiflung und menschlicher Revolte gegen Gott aufzulösen ist. Hat Gott gesiegt oder bleibt Hiob der heimliche Sieger oder ...?

Einige Hiobinterpreten favorisieren gegen den Augenschein einen Triumph des Helden trotz des vermeintlichen Gottessiegs.

Blochs Plädoyer für den moralischen Gewinner Hiob haben wir schon gestreift. Stärker hinweisen möchte ich auf den jüdischen Autor Elie Wiesel, der aus seinen persönlichen Holocaust-Erfahrungen Hiobs Verhalten reflektiert und ihm ein Wort an Gott in den Mund legt: »Und warum soll ich nicht sagen, dass Hiob mich vor allem nach dem Kriege in Verwirrung gestürzt hat. Man traf ihn damals auf allen Wegen Europas, verwundet, beraubt, verstümmelt, sicher nicht glücklich, aber auch nicht resigniert. Seine Unterwerfung im Buch Hiob erschien mir wie ein Hohn. Er hätte nicht so schnell nachgeben dürfen und die Trinkgelder zurückweisen müssen: ›Gut, ich verzeihe dir, verzeihe dir insofern es sich um mich handelt, um meinen Gram, um meinen Todeskampf. Aber meine toten Kinder, verzeihen sie denn dir? Habe ich das Recht, in ihrem Namen zu sprechen? Habe ich das moralische, das menschliche Recht, ein Ende und eine Lösung für diese Geschichte zu akzeptieren, in der sie Rollen gespielt haben, die du ihnen nicht ihretwegen, sondern meinetwegen auferlegt hast? Wenn ich deine Ungerechtigkeiten offiziell anerkennen würde, würde ich dann nicht dein Komplize werden? ... Ich fordere, wenn nicht für mich, so doch für sie, dass Gerechtigkeit geschehe und der Prozess weitergeht ...‹ Ja, eine solche Sprache hätte er sprechen müssen.«[3]

Dennoch, Wiesel wird gleich darauf Hiob rehabilitieren. Er denkt an die vielen Schauprozesse der Geschichte, deren Mühlen ungezählte, aufrechte Menschen gnadenlos zermalmt haben. Zuvor wurden die Opfer scheinbar willenlos und gefügig gemacht, um ihren Henkern öffentlich Recht zu geben. Aber diese absurden Selbstanklagen, das Eingestehen von Schuld auf dem Rücken der Wahrheit, ließ die Prozesse gänzlich zur Farce werden. Vor dem Tribunal stammelten die Todgeweihten ihr »Ja« mit einem geheimen Lachen auf dem Gesicht und vor der Welt schrien sie ihr »Nein« heraus.

Zu einer ähnlichen Ironie Hiobs bemerkt Wiesel: »Deshalb unterwarf sich Hiob, der Gerechte, der Weise, so schnell und so total; um den Gegner zu täuschen. Zum Schluss seines Kampfes, von dem Hiob weiß, dass er von Anfang an verloren ist – denn wie kann ein Mensch hoffen, Gott zu besiegen –, entdeckt Hiob eine harmlose Methode, um in seinem Widerstand zu verharren, er tut so, als gäbe er freiwillig auf, bevor noch die eigentliche Schlacht begonnen hat. Wenn er standgehalten, wenn er sich mit den göttlichen Argumenten Punkt für Punkt auseinander gesetzt hätte, würde man daraus gefolgert haben, dass er bei der rhetorischen Überlegenheit seines Gesprächspartners nur seine Niederlage eingestehen konnte. Aber er sagt ja zu Gott, sagt sofort ja, ohne zu zögern, ohne zu überlegen, ohne wenn und aber und ohne jeden Widerspruch. ... Er bereut Sünden, die er nicht begangen hat, und rechtfertigt Leiden, die er nicht verdient hat, und gibt uns dadurch zu verstehen, dass er an seine Geständnisse nicht glaubt, dass sie nur eine List sind. Er verkörpert das ungestillte Suchen nach Gerechtigkeit und Wahrheit, er hat nie den Nacken gebeugt. Sein Versuch wird also nicht vergebens sein, denn ihm verdanken wir die Erkenntnis, dass es dem Menschen gegeben ist, die göttliche Ungerechtigkeit in menschliche Gerechtigkeit zu verwandeln.«[4]

Wiesel will die Stimme der Empörung durch nichts erstickt wissen. Der Schrei gegen Gott muss in der Weltgeschichte fortwährend widerhallen und soll zum Ansporn werden für eigene irdische Gerechtigkeit. Sicherlich spricht das vielen, sehr vielen Menschen aus dem Herzen. Es sind jene, die nicht einfach *Ja und Amen* sagen wollen, die sich nicht abspeisen lassen mit wohlfeilen Beschwichtigungen vornehmlich aus Theologenmund.

Elie Wiesel, Ernst Bloch, Heinz Zahrnt u. a. rütteln an einem drängenden Problem. Wie sauber ist die Hiobgeschichte lösbar? Die Gefahr ist groß, dass übereifrige Exegese die Hochspannung des Dramas am Ende eilig kurzschließt und zur Tagesordnung übergeht. Die Theologie ist gut beraten, gerade die Einwände von nicht-theologischer Seite ernst zu nehmen. Allzu oft haben Vertreter der professionellen Gotteskenntnis sich wie Epigonen der Freunde Hiobs gebärdet und einfache Strickmuster angeboten. Wir werden dem einen oder anderen noch begegnen.

Der Hiobdichter hat es vorgemacht. In seinem Werk bekämpft er engstirnige Leid-Theorien und öffnet stattdessen ein großes Fenster, um den Blick auf den weiten Horizont der Schöpfung freizugeben. So entschieden er Pseudoerklärungen verwirft, so mutig und visionär wagt er sich am Schluss in ein unentdecktes Land.

Welche fertigen Lösungen entlarvt der Hiobdichter als Scheinlösungen, und welchen Weg weist er uns anheim zu gehen?

Ganz oben auf der Liste steht der inzwischen wohlbekannte Tun-Ergehen-Zusammenhang. Die drei Besucherfreunde hatten ihn mitgebracht und schlachteten ihn im Laufe der Streitgespräche weidlich aus. »*Bedenk doch! Wer geht ohne Schuld zugrunde? Wo werden Redliche in Stich gelassen? Wohin ich schaue: Wer Unrecht pflügt, wer Unheil sät, der erntet es auch.*« (4,7 f) Mit diesen Worten überfiel der erste Freund Elifas den verdutzten Hiob. Zugleich gab er damit den Startschuss für ein unsägliches Gezerre und Gezeter. Gott straft Hiob; nur Bösewichter werden bestraft; also Hiob ist ein Bösewicht! Salopp gesagt, er muss nach Meinung seiner feinen Freunde eine Leiche im Keller haben, vielleicht auch zwei, da es ihm wirklich dreckig geht.

Keine Frage, dass Hiob chancenlos ist. Seine Unschuldsbeteuerungen verpuffen im starren Gitter einer Logik, die bestechend kleinkariert, aber ungemein wirkungsvoll ist. Die Vergeltungslogik ist so unnachgiebig, weil sie Gott als deren Erfinder und Garanten vereinnahmt hat. Hiobs Freunde scheinen auch Gott in ihrem Marschgepäck mitgebracht zu haben. Jedenfalls wissen sie genau, was er warum tut und nicht tut. Eine andere kosmische Weltordnung als die der »gerechten« Vergeltung vom Himmel her können sie sich nicht vorstellen. Sie ziehen alle Register, um Hiob das schreckliche Los der Frevler auszumalen. In deren Leben gäbe es tausend Möglichkeiten, wo der vergeltende Zorn Gottes zuschlagen könne.

Unser Dichter lässt schon früh durchscheinen, was er davon hält: Nichts. Sein Hiob kämpft ebenso angriffslustig und einfallsreich wie die Besucher. Doch er ist immer eine Nasenlänge voraus. Was diese ihm auch an den Kopf werfen, was für listige Argumente sie aus der Weisheit, der Lebenserfahrung und aus einer angeblich eisernen Gotteslogik bemühen, Hiob kontert klug und überlegen. Damit bereitet der Verlauf des Disputs den finalen Paukenschlag am Ende der Geschichte vor.

Was steht in den Gottesreden über die Problematik der moralischen Vergeltung, über das Bestrafen von Sündern und den Lohn der Gerechten? Nichts! Man höre und staune. Es sieht aus, als ob Gott an der ganzen Sache uninteressiert sei. Der menschliche Vergeltungsruf hat im Schöpfungsorchester keine Stimme. Dort werden andere Melodien gespielt, Melodien, die fremdartig klingen und dennoch faszinieren. Gott erhält seine Schöpfung nach anderen Regeln als nach denen, der selbst ernannten Gottesdirigenten.

Das Problem der drei Freunde – und auch das des vierten Quereinsteigers – ist ein Scheinproblem. Es rumort nur in den Köpfen und Herzen engstirniger Zeitgenossen.

Unserem Hiob brannte von vornherein eine andere Frage in der Seele. Warum muss er als Unschuldiger derart leiden? Aus welchem Grund hat Gott ihn wie einen Feind ins Visier genommen? Wenn er doch Gott direkt seine Empörung ins Antlitz schreien dürfte und eine Antwort erzwingen könnte! Hiob hatte nie daran gezweifelt, eine offene oder nur verdeckte Schuld mit sich herumzuschleppen. Allenfalls rhetorisch provozierte er den Himmel und erkundigte sich bitter-ironisch nach der Ursache des einseitigen Zerwürfnisses. In seiner Antwort vermeidet Gott selbst die leisesten Töne in diese Richtung. Es gibt kein getrübtes Verhältnis und schon gar keine Feindschaft. Hiob ist und bleibt der tadellose und rechtschaffene Mensch vor Gott.

Das gilt auch für den abstrakten Schuldvorwurf, den die Freunde Elifas und Bildad ihrer Hauptargumentation nachschoben. Hiob sei ein Mensch und Menschen seien im Lichte der Heiligkeit Gottes armselige, schmutzige Würmer. Daher müsse jeder auf gewisse Strafen gefasst sein – eben auch Hiob. Elifas und Bildad geben sich hier besonders raffiniert. Ihre Argumentation fußt auf einem subtil arrangierten doppeltem Boden. Gesetzt den Fall, Hiob sei tatsächlich persönlich untadelig, was aber sicher nicht stimme, stehe er dennoch *als Mensch* unrein vor Gott. Wie könne er dann noch so laut seine Unschuld beteuern und sich gegen die Abstrafung stemmen! Das sei dumm, unverschämt und obendrein völlig zwecklos.

Ich habe schon darauf hingewiesen, dass dieser Einwand keine dogmatische Grundaussage über das Schuldigsein des

Menschen aufstellen will, sondern auf eine Zuspitzung des Tun-Ergehen-Gedankens zielt. Zur Verteidigung der Schiene zwischen Lebensleid und gerechter Strafe wird Hiob als schwacher Mensch vorgeführt. Seine natürlichen Grenzen an moralischer Kraft und Einsicht würden hinreichen, um Gottes vergeltende Schläge zu erklären. Freilich hinterlassen die Menschendurchleuchter Elifas und Bildad den Eindruck, als trauten sie ihrem gewagten Einfall selbst nicht ganz. Rasch greifen sie ihn auf und rasch lassen sie ihn wieder fallen. Auch Hiob übergeht vornehm den existenz-theologischen Tritt ans Schienbein und konzentriert sich auf die Abwehr des Hauptvorwurfes, hinter der Fassade ein Pracht-exemplar von Frevler abzugeben.

Dennoch, das angesprochene Grundproblem ist höchst sensibel und explodiert bei unvorsichtigem Gebrauch. In der kirchlichen Tradition hat es mancherorts arge Verwüstungen angerichtet. Das Selbstverständnis des Menschen im Gegenüber zu Gott wurde schwer beschädigt, zuweilen sogar gespenstisch verzerrt. Ich denke vor allem an eigenwillige und missverständliche Interpretationen der *Erbsünde* und ihrer Folgen. Die Auswirkungen auf die Gott-Leid-Problematik waren und sind so weit reichend, dass wir die Sündenfallerzählung im Buch Genesis eigens näher betrachten müssen.

Weder der Hiobdichter noch das Judentum insgesamt kennen eine sündige Menschennatur an sich oder einen gefallenen und unheilbar korrumpierten Zustand nach der Vertreibung des Menschen aus dem Paradies. Allein die moralische Hinfälligkeit des Menschen lässt dunkle Bereiche ausmachen, die vergeltenden Gotteszorn provozieren könnten. Was steht dazu in den langen Gottesreden? Erneut *nichts!* Gelegenheit wäre reichlich gewesen. Während des vielseitigen Rundgangs durch die Schöpfung hätten auch ein paar Worte zu *Stellung* und *Kraft* des Geschöpfes Mensch fallen können. Doch in den Gottesreden vernehmen wir nichts dazu. An der menschelnden Vergeltungs-theorie zeigen sie ebenso wenig Interesse wie an der gemäßigten Tun-Ergehen-Behauptung.

Lesen wir im Text eine Zeile weiter, wird Gott sogar zornig über die altklugen Freunde an der Seite Hiobs. Nachdrücklich hält er ihnen gleich zweimal vor: *»Denn ihr habt nicht recht von* *mir geredet wie mein Knecht Hiob*« (in 42,7 f). Dieses knappe und klare Urteil sitzt. Es brandmarkt das wohlfeile Gerede über Schuld und Leid, über das üble Frevlergeschick und das sonnige Leben der Frommen und Guten als leeres Geschwätz. An einer hitzigen Stelle während der Streitdebatte hatte Hiob das den Dreien prophezeit (13,1–12). Verkehrtes würden sie über Gott reden und ihre Merksätze seien aus Staub. Erbost warf er ihnen an den Kopf (13,4): »*Ihr aber seid nur Lügentüncher, untaugliche Ärzte alle. Dass ihr endlich schweigen wolltet, das würde Weisheit für euch sein*«. Jetzt ist es soweit. Die drei sind entlarvt. Sie müssen ein Bußopfer darbringen und Hiob soll Fürsprache einlegen.

Diese Zurechtweisung Gottes steht im Schlussteil der Rahmenerzählung und gehört damit nicht mehr zum eigentlichen Hiobdrama. Formale und inhaltliche Gründe legen aber nahe, dass die ersten Verse bis zur Beschreibung von Hiobs neuem Glück von unserem Dichter redaktionell bearbeitet worden sind.

Das barsche Abkanzeln der Freunde macht nur Sinn, wenn dem Hörer der Geschichte die Rolle der drei hinreichend klar ist. Der Autor hat dazu ganze Arbeit geleistet, als er in über zwei Dutzend Kapiteln jede Facette gründlich beleuchtete. Wir könnten Elifas und den anderen eine weitere Rolle auf den Leib schreiben, so gut kennen wir ihre Einstellung. Doch die wortreiche Konstruktion zu Schuld und Strafe ist Blend- und Trugwerk. Durch das Donnergrollen der Gottesrede zerfällt es wie eine Fata Morgana bei heraufziehendem Sandsturm.

EINBLICKE UND AUSBLICKE – NICHT NUR FÜR HIOB

Krachend hat der Hiobdichter die Tür zur engen und muffigen Kammer zugeschlagen, in der sich das borniert Vergeltungsdenken wohlfühlt. Gleichzeitig öffnete er eine andere Tür, die hinausführt in die Weite eines Denkens, das sich bis zum Horizont am Sternenhimmel erstreckt.

Gleich hinter dieser Tür begegnet uns die erste Frage Gottes an Hiob: Was weiß er über die Schöpfung? (38,4 f): »*Wo warst du, als ich die Erde gegründet? ... Wer setzte ihre Maße? ... Wohin sind ihre Pfeiler eingesenkt?*« Stakkatoartig fragt Gott weiter und lenkt Hiobs Blick von Schöpfungswerk zu Schöpfungswerk. Der Bogen ist so bunt wie ein Kaleidoskop. Er reicht von den Quellen des Meeres über die Wasserschläuche und Schneekammern des Himmels bis zu den Sternen der Plejaden und wieder zurück zu den Wolken und Blitzen auf der Erde, den zahlreichen Tieren auf freier Wildbahn bis zu dem mächtigen Nilpferd Behemoth und dem Furcht erregenden Ungeheuer Leviathan.

Die farbige Beschreibung verschlägt einem den Atem. Doch wo kommt Hiob vor und wo die Menschen überhaupt? Während der zwei langen Reden Gottes lauschen wir vergeblich auf Hinweise. Es ist, als ob Jahwe eine menschenleere Schöpfung preist; quasi eine Lobrede am fünften Schöpfungstag, nachdem er alles bestens erschaffen hatte, ausgenommen die Menschen.

Ist die Schöpfung auch ohne das Menschengeschlecht lebensfähig und des Lobes würdig? Sind wir nicht die »Krone der Schöpfung«, ihr geistiges Zentrum voll Würde und Herrschaft, zu dessen Dienst alles ins Dasein gerufen wurde? In der ersten hymnischen Schöpfungserzählung im Buch Genesis und in einigen Psalmen klingt das deutlich an. Doch unser Hiobdichter korrigiert diese Ansicht. Er räumt mit einer missverständlichen, ja anmaßenden Selbstinterpretation des Menschen gründlich auf. Das grandiose Schöpfungslob rauscht unverhohlen am Menschen vorbei. Das ist mehr als nebensächliche Rhetorik. Es ist ein Paukenschlag gegen einen plumpen *Anthropozentrismus*, der schon zu biblischen Zeiten die Köpfe beherrschte – ganz zu schweigen von unseren Tagen. Anthropozentrisches Denken befördert den Menschen auf die Spitze einer Schöpfungspyramide und macht ihn zum magnetischen Pol, der alles Geschaffene auf sich ausrichtet. Alles innerhalb der Pyramide, von den Tieren, über die Pflanzen bis zur nackten Erde hat dienstbar und verfügbar sein, je nach Bedürfnis und Wille des göttlich legitimierten Herrschers auf dem Gipfel. Die Litanei der Verwüstungen, die solche Hybris geschrieben hat, ist schauerlich und beschämend zugleich. Reichlich genährt wird auch der Wahn, alles irgendwie irgendwann zu *können* und natürlich auch zu *dürfen*.

Der Hiobdichter stemmt sich dieser arroganten Selbstgefälligkeit wirkungsvoll entgegen. Wir sind nicht der »Mittelpunkt« der Schöpfung, wie wir es gerne hätten. Wir haben keine Sonderrechte im Getriebe des Weltenlaufs, keinen Schonraum, der uns einhüllt, kein Podest, auf dem wir als Herren wohlausgestattet mit Macht das Zepter schwingen könnten über Erde und Himmel.

Will man unbedingt die Vokabeln *Mittelpunkt* oder *Spitze* gebrauchen, dann allenfalls im nicht-anthropozentrischen Sinn. Er lässt sich ausdrücken in einer klaren Beschreibung des Dienstauftrags *am* Geschaffenen – so wie es in Genesis steht – oder im gleichwertigen Lob der Schöpfung an die Adresse Mensch – so wie in den Worten Jahwes an Hiob.

Der Vorzug Hiobs und mithin von uns Menschen liegt in der An-Rede Gottes. Das Geschöpf ist Gesprächspartner des Schöpfers. Hiob erfährt aus erster Hand von der Weisheit der Schöpfung, von ihrer durchdachten Planung und ihrem wundersamen Ablauf. Der Baumeister der Welt erläutert höchstpersönlich sein Werk und gesteht Hiob zu, dass er Verständnis, gar Einsicht aufbringen kann. Das ist Hiobs und unser Privileg.

Wenn wir staunend zum Sternenhimmel aufsehen, dürfen wir am Firmament die Handschrift Gottes lesen. Dieselbe Handschrift finden wir überall auf der Welt, wohin sich der Blick auch wendet. Die Schönheit ist das Ergebnis eines machtvoll ordnenden Wirkens zu Beginn der Zeiten, als noch Chaos ringsum tobte. Symbolisch dafür steht die alles überschwemmende urzeitliche Wasserflut und das grässliche Meeresungeheuer Leviathan. Nach dem alten Weltbild des vorderen Orients kanaanäisch-mesopotamischer Prägung waren die Urfluten und der Meeresdrache *die* Chaosmächte schlechthin. Sie galt es zu bändigen, bevor fruchtbares Land entstehen konnte sowie gefahrloser Lebensraum für Tiere und Menschen. Was in den Mythen als ein gewaltiges Kampfszenario heraufbeschworen wird, wird vom Hiobdichter ganz undramatisch beschrieben. Ein Wink von Jahwe und schon stoppt die reißende Urflut wie ein Rinnsal vor einer Schleusenbarriere; ein Wort und schon benimmt sich das Leviathanmonster gezähmt wie ein Haustier, ja wie ein Spielgefährte. So jedenfalls deutet es ein Vers in

der Gottesrede an, als Hiob gefragt wird, ob er mit dem Krokodil-
ungeheuer spielen könne wie mit einem Vogel (40,29a; vgl. auch
Ps 104,26). Im Talmud heißt es sogar bei Rabbi Jehuda, dass
Jahwe die letzten drei Stunden eines jeden Tages nutze, um mit
dem Leviathan zu spielen (bAZ 3b).

Für den Hiobdichter ist die Leichtigkeit wichtig, mit der Gott
über die zerstörerischen Chaosmächte seine Herrschaft ausübt.
Nach seinem ureigenen Plan fängt Jahwe die Schöpfung souverän an und hütet sie plangemäß durch die Zeiten. In diesem Plan
ist kein Platz für eine himmlische Tun-Ergehen-Vergeltung. Das
Karussell der Bestrafung übler Gesellen und der Belohnung von
Frommen und Guten stammt aus der menschlichen Plan-
schmiede. Ebenso »menschlich« ist es, für sich selbst eine Sonder-
behandlung zu reklamieren. Doch der Lebensraum *Kosmos* ist für
alle gleich und sein Pulsschlag ist überall derselbe. Er bringt den
lauen Frühlingsregen ebenso wie den Hagelsturm, Gesundheit
ebenso wie Erkrankung, er schlägt für das Geborenwerden und
für das Sterben, für Leben und Tod.

Diese Schöpfungsperspektive taucht Hiobs Leid in ein neues
Licht. Sein Unglück wurde nicht hinter seinem Rücken ausge-
heckt. Es ist weder eine himmlische Strafaktion, noch verdankt es
sich göttlicher Rutenpädagogik, wie es die vier Freunde wortreich
kolportierten; es steckt weder eine perfide Attacke Satans zum
Austesten der Glaubenstreue dahinter, wie es die alte Rahmen-
handlung erzählt, noch wurde Hiob willkürlich und sinnlos
gequält, wie dieser es im Zorn Gott unterstellte.

Besonders der letzte Punkt hatte Hiob gehörig an den Nerven
gezerrt. »*Die Pfeile des Allmächtigen stecken in mir, mein Geist hat
ihr Gift getrunken, Gottes Schrecken stellt sich gegen mich.*« (6,4)
So jammerte der Geschlagene schon früh vor seinen Freunden.
Bald darauf verdichtete sich Hiobs Grimm und er reckte seine
Fäuste gegen den Himmel: »*Was tat ich dir, du Menschenwächter?
Warum stellst du mich vor dich als Zielscheibe hin? Bin ich dir denn
zur Last geworden?*« *(7,20)* Grundlos würde Gott ihn niedertreten und seine Wunden mehren. Gleichzeitig bleibe er taub
und unerträglich stumm. Resigniert versteigt sich Hiob zum
Spruch: »*Einerlei; so sag ich es denn: Schuldlos und schuldig bringt er
um.*« *(9,22)* Warum dann überhaupt noch leben? Ist es nicht

sinnlos, das Licht der Welt zu sehen, nur um Elend und Bitternis kosten zu müssen?

Am Ende hat Hiob die Lektion der Gottesreden gelernt. Er sieht sein Schicksal in einem Schöpfungslauf aufgehoben, den die weise Hand Gottes geschrieben hat und den dieselbe Hand unablässig hält. Hiob erkennt im farbenprächtigen Mosaik der Schöpfung das Antlitz des Schöpfers und einen Plan, der weit entfernt ist von menschlichen, allzu menschlichen Vergeltungsfantasien, von göttlicher Willkür und kosmischer Sinnlosigkeit. Der Dichter beschreibt sehr anschaulich wie sich der Knoten in Hiobs Brust löst. Wir können sein Aufatmen geradezu hören. Hiob zieht seine Anklage zurück und zeigt sich bußfertig. Nicht nur seine beflissenen Freunde haben dummes Zeug geredet, auch er selbst hat im Eifer des Gefechtes Gott Ungeheuerliches nachgesagt.

An diesem Punkt beendet der Hiobdichter sein dramatisches Lehrstück. Er hat gesagt, was zu sagen war.

Es bleiben die Schlussworte der alten Hioberzählung. Ihre »Lösung« ist weitaus bekannter und populärer als die der Gottesrede. Hiob erhält all das und mehr zurück, was ihm so grausam genommen wurde. Gott segnete nämlich erneut seinen Knecht und belohnte ihn für seine Standhaftigkeit. Hiob bekommt Schafe, Kamele, Rinder und Esel im Überfluss, doppelt so viele, wie er besessen hatte. Auch sieben Söhne werden ihm erneut geboren und drei überaus hübsche Töchter, denen er reizende Namen gibt. Sage und schreibe noch 140 Jahre soll Hiob gelebt haben. Sicherlich wieder kerngesund, obwohl es nicht ausdrücklich erwähnt wird. In dieser Zeit durfte er Kindeskinder bis zur vierten Generation sehen. Danach starb Hiob »*hochbetagt und satt an Lebenstagen*« (40,17), so der letzte Satz der Geschichte.

Ende gut, alles gut? Sicher nicht. Dieses Happy End klingt märchenhaft und ist zu schön, um wahr zu sein. Schon zu Anfang haben wir gesehen, dass selbst die alte Erzählung vom frommen Mann aus Uz dessen Wohlstand und Heimsuchung symbolisch beschreibt. Beim vorliegenden glücklichen Ende ist es ähnlich. Doch das »wirkliche« Leben wird mit sperriger Feder geschrieben.

Beim näheren Hinsehen trifft das auch den fröhlichen Hiob-schluss. Die sieben ersten Söhne und drei ersten Töchter bleiben tot und begraben; wie sollte es anders sein! Kann Vater Hiob ihr schreckliches Ende unter den Trümmern des Hauses je vergessen? Wie könnte er! Schwere Trauer lässt sich nicht »vergessen«. Selbst wenn sie weggeschoben wird, bleibt sie tief im Innern erhalten und legt sich wie ein Dornenkranz um die Seele. Schmerzhaft zu erinnern wäre auch an die vielen namenlosen Knechte, die von Feindeshand brutal erschlagen wurden. Können denn ebenso zahlreiche Ersatzknechte das jählings abgeschnittene Leben ihrer Vorgänger aufwiegen? Was die Kinder und Knechte an Qualen erlitten haben, kann nichts und niemand ungeschehen machen. Der Trauerschmerz darüber wird Hiob ein Leben lang als düsterer Schatten verfolgen.

Daher ist das scheinbar makellose Finale der Hioberzählung deutlich eingetrübt. Keine noch so üppige Segensbeschreibung vermag es blank zu polieren vom vergangenen und weiter rumorenden Leid. So bleibt das Happy End Hiobs letztlich die Augenwischerei einer vordergründigen Beteuerung, dass am Ende alles gut werde.

Der Autor der Hiobdichtung hat mit seinem ausgefeilten Lehrstück auch dagegen protestiert. In der Gottesrede wurde Hiob kein goldenes Leben versprochen. Die Verluste von gestern bleiben, auch die Verluste von morgen und der Schmerz darüber bleiben Teil seines Lebens. Leid lässt sich nicht spurlos aus der Welt schaffen. Dennoch ist Entscheidendes passiert. Hiob hat ein anderes Verhältnis zu seinem Schicksal gewonnen. Die Gottesreden haben eine fatale Schieflage eingeebnet, auf der Hiob und seine Freunde unaufhaltsam ins Abseits dumm-dreister Erklärungen und quälerischer Verfolgungsängste schlitterten. Die neuen Ausblicke deuten Antworten an, weit entfernt von exakten Lösungen. Der Hiobdichter begeht nicht den Fehler, Gott wie eine Marionette vorzuführen. Seine Antworten sind eher Fingerzeige, den Fragen, die ebenso unausweichlich wie fundamental sind, nicht auszuweichen:

Warum lässt Gott unschuldige Menschen leiden, sogar entsetzlich leiden? Steckt irgendein Sinn dahinter? Welchen Sinn oder Unsinn legen wir uns selbst zurecht? Nach welchem Plan hat Gott die Schöpfung entworfen, und wie folgt sie diesem Plan in ihrem Lauf durch die Zeiten? Gibt es einen Platz für das Leid in dieser Welt?

Der Hiobdichter ermutigt seine Leser weiterzufragen und weiterzugehen. Ich möchte dieser Einladung folgen und Sie mitnehmen. Wir werden Gedanken fortführen, die im Hiobbuch aufgeworfen sind, und wir werden neue kennen lernen, ebenso scharf, bissig und provozierend.

RECHTFERTIGUNG GOTTES?

Zu Beginn des Buches habe ich Ihnen von Miss Penrose erzählt, die Gott vor Gericht bringen wollte. Auch Hiob rief während seiner langen Auseinandersetzung mit seinen Freunden unablässig nach einem Rechtsstreit gegen Gott. Doch weder der eine noch der andere kam zu Stande. Wie ein Gerichtsverfahren gegen Gott aussehen und ausgehen könnte, hat Elie Wiesel in seinem Stück[1] *Der Prozess von Schamgorod* vorgestellt. Provokativ knüpft er an die Hiobgeschichte an, verschärft sie mit dem »jüdischen Schicksal« und fragt nach einer Rechtfertigung Gottes.

Der Prozess von Schamgorod führt den Leser zurück in die grauenvolle Pogromzeit Mitte des 17. Jahrhunderts in Polen. Überall rast die aufgehetzte Meute und bringt wahllos Todesverderben über die jüdischen Gemeinden. Auch im Ort Schamgorod hörte man unlängst das Geschrei von Kindern und Frauen, von Frommen und Frömmsten unter dem blutgierigen Metzeln der Kosaken und des Pöbels. Jetzt zeugt nur noch stumm das vergossene Blut in den ärmlichen Häusern, im verwüsteten Lehrhaus und auf den Gassen vom Sturm der Vernichtung. Eine jüdische Stimme jedoch blieb am Leben – der Wirt vom Schamgorod. Abseits hält der gebrochene Mann mit seiner kranken Tochter und einer christlichen Gehilfin den Betrieb aufrecht.

Es ist Purim. An diesem Fest wird sonst gesungen, getanzt, gespielt und vor allem darf alles gesagt werden. Auswärtige Purimspieler, die die Bewohner Schamgorods erheitern wollten, bleiben im Gasthaus hängen. Sie bieten dem Wirt Berisch ein Spiel an, da sie keine Kopeke in der Tasche haben. Der überredet sie zu einem unerhörten Stück, nämlich zu einem ernsthaft durchgeführten Prozess »gegen den höchsten König, den obersten Richter, den Herrn des Universums«. Er selbst, Berisch von Schamgorod, letzter jüdischer Vater im Ort, wolle die Anklage übernehmen. Und die werde es in sich haben. Für Gott wird ein

Verteidiger gesucht, denn alles soll mit rechten Dingen zugehen. Doch niemand unter den restlichen Leuten im Wirtshaus findet sich bereit, diese undankbare Rolle zu übernehmen. Deprimiert und nach langem Zögern will die Truppe eben ohne Fürsprecher über Gott richten.

Da meldet sich überraschend ein unbekannter Mann, der kurz zuvor still hereingekommen war. Auf die Frage, wer er sei, von wo er komme, was er wolle, antwortet er nur: »Ich bin der, den ihr sucht«. Er will Gott verteidigen. Der Prozess beginnt. Aufgebracht und siegesgewiss tritt der Wirt vor und klagt »den Herrn des Universums der Feindseligkeit, der Grausamkeit und der Gleichgültigkeit an«. Die toten Juden in Schamgorod und im ganzen Land, ihre sinnlosen Todesqualen, die letzten verzweifelten Seufzer jener, deren Lippen ein Leben lang nur Lobpreis gesungen hatten, die erwürgten Kinder und die zertrampelten Greise und . . . und . . . Das seien Beweise genug.

Doch der fremde Verteidiger gibt glänzend Kontra. Im Netz seiner geschliffenen Worte verfangen sich sämtliche Vorwürfe und Beweise. Listig lässt er den Wirt ins Leere laufen. Am Ende sind die Purimspieler ganz hingerissen vom frommen Eifer und der Genialität des Unbekannten.

Die Urteilsberatung muss jäh verschoben werden. Vor dem Gasthaus hat sich eine geifernde Meute zusammengerottet. In Todesangst umringen die Spieler den Gottesfreund und flehen ihn an zu retten, alle zu retten. Er habe gewiss die Macht dazu, er sei ein Gerechter, ein heiliger Rabbi, er könne ein Wunder vollbringen, Gott würde ihm gehorchen. Da gibt sich der gewiefte Gottesverteidiger zu erkennen: Es ist der Satan! Ein Schrei des Entsetzens durchflutet den Raum. Mit höhnischen Worten verschwindet der Teufel und überlässt die Menschen ihrem Schicksal.

Elie Wiesels Erzählpointe bestürzt. Gleich mehrere Assoziationen drängen sich auf. Ist allein Satan in der Lage, Gott gegenüber dem abgründigen Leid in der Welt zu rechtfertigen? Lässt sich all das Böse in der Geschichte nur vom Bösen her erklären, gar verstehen? Ist das Leid in der Welt so unsäglich monströs, dass nur ein teuflisches Hirn dafür entschuldigende Worte findet? Oder erweist sich eine Gottesverteidigung am Ende als ausgemachter Bluff? – wäre sie ein teuflisches Lügengespinst, vom Vater der Lüge selbst?

Die Schwierigkeiten einer Rechtfertigung Gottes sind immens. Der Berg der Gott-Leid-Problematik erscheint zu zerklüftet und viel zu steil für einen Aufstieg. An Versuchen fehlt es dennoch nicht, auch wenn die Motive ganz verschieden sind.

Einflussreich wurde ein Lösungsweg und eine Fragestellung, die der Philosoph Epikur (4./3. Jahrh. v.Chr.) einschlug. Etwa zur gleichen Zeit als der Hiobdichter vielleicht in Jerusalem an seinem epochalen Werk schrieb, brütete auch der griechische Philosoph in Athen über die schwerwiegende Frage nach dem Leid und der Rolle Gottes. Um 306 gründete er eine philosophische Schule in Athen. Dort hatte er ein Haus mit außergewöhnlich schönem Garten erworben. In dieser Idylle versuchte Epikur mit seinen Schülern und dem Gesinde ein dauerhaft-glückliches Leben zu führen.

Den größten Feind sah Epikur in allen Leiden, insbesondere den Schmerzen, die uns das Leben so verdrießen. Es gilt daher, diesen Übeln aus dem Weg zu gehen, wo immer nur möglich, beziehungsweise alles daran zu setzen, sie durch weitsichtige Vernunft zu vermeiden. Hand in Hand sollte nach Epikur eine lustbetonte Lebensweise gehen. Das war der Knackpunkt seiner Lehre der Leidminimierung. Zwanglos sollte man seine Bedürfnisse befriedigen und die Lusterfahrungen ungeniert genießen. Nicht von ungefähr avancierte Epikur zum Vater einer Philosophie, die optimales und dauerhaftes Glück (Lust = hedoné) für jeden Einzelnen anstrebte; und zwar in seinem privaten Bereich mit dem »Garten« als Symbol. Das hört sich sehr nach »moderner« Spaßgesellschaft an, die den Hedonismus auf ihre Fahne geschrieben hat. Doch Epikur wäre über diese Lebensweise ziemlich schockiert. Sein Hedonismus folgte anderen Regeln. Deutlich unterschied er zwischen Bedürfnissen, die natürlich oder notwendig sind (z. B. Nahrung, Kleidung, auch ab und an ein Festessen u. Ä.) und unnötigen Bedürfnissen wie Luxus, Reichtum oder Herrschaft. Erstere sollten maßvoll und umsichtig befriedigt werden, letztere überhaupt nicht. Denn wer nicht-notwendigen Bedürfnissen nachjage, mehre nur sein Leid und Unglück.

Welche Rolle spielt Gott oder spielen die Götter bei dieser Glücks-und-Leidvermeidungs-Philosophie? Epikurs Ansatz lässt wenig Spielraum. Seine Lehre ist ganz lebenspraktisch auf die Mobilisierung eigener Kräfte ausgerichtet. Göttlicher Beistand ist überflüssig. Epikur ging noch einen Schritt weiter, indem er grundsätzlich fragte: Hat Gott mit dem Leiden auf Erden etwas zu tun? Für seine Schüler und die Nachwelt erstellte er eine »Beweisführung«, die bis heute aktuell geblieben ist:[2]

> »Gott will entweder die Übel nicht beseitigen
> oder kann es nicht;
> oder er kann es, will aber nicht;
> oder er will es weder noch kann er es;
> oder er will es und kann es.
> Wenn er es kann und nicht will, so ist er missgünstig,
> was Gott billigerweise fremd sein sollte.
> Wenn er es weder will noch kann, so ist er missgünstig und
> schwach und daher auch kein Gott.
> Wenn er es aber will und kann, was allein Gott zukommt,
> woher stammen also die Übel und warum beseitigt er sie nicht?«

Das sind gleich mehrere Dilemmas auf einmal. Epikur hat sie so pointiert aufgestellt, dass sie aus seiner Sicht keine vernünftige Lösung zulassen. Seine Schlussfolgerung war: Gott ist zwar gütig und allmächtig, aber er und die anderen Götter kümmern sich nicht um die Welt und das Leben der Menschen. Auch hätten sie nichts mit der Erschaffung des Kosmos zu tun; die Materie sei ewig – unerschaffen und unvergänglich. Überall im Kosmos gäbe es nur Atome und leeren Raum. Wir Menschen seien den Gesetzen der Materie unterworfen und die Götter würden in den leeren Räumen abgeschieden für sich existieren. Daher gab der Philosoph seinen Anhängern den Rat, die Götter links liegen zu lassen und sich nicht um sie zu scheren. Vor allem sollte man keine Furcht vor ihnen hegen. Sie hätten nichts mit der Welt zu tun und die Welt nichts mit ihnen.

Epikur propagierte eine Form des praktischen Atheismus, der im 20. Jahrhundert modern wurde. Die Gründe liegen allerdings in einem vornehmen Agnostizismus, der zugesteht, dass man über Gott und die Transzendenz nichts wissen könne. Vor allem könne niemand sagen, ob es »da oben« überhaupt »etwas« gibt außer kosmischer Leere, die wirklich leer ist. Epikur hielt noch fraglos an der Existenz einer Gottheit fest. Dennoch hatte der furchtlose Glücksphilosoph in der götterübersäten Antike und im christlich dominierten Mittelalter kaum Chancen von Autoritäten ernst genommen zu werden. Die Epikuräer galten als gottverleugnende Lüstlinge.

Doch der »Dilemmabeweis« Epikurs zu Gott und dem Leid blieb ein Stachel. Er ragte tief ins Fleisch direkt an den zentralen Nerv des Welt-, Daseins- und Schöpfungsverständnisses.

Der Kirchenvater Augustinus (354–430) hat sich früh dieser Herausforderung gestellt und nach einer Erklärung für das »Leid« gesucht. Obwohl diese »Erklärung« von Anfang an heftig umstritten war, wurde sie richtungweisend für die kirchliche Lehre bis zum heutigen Tag. Wegen der Bedeutung und Wirkungskraft möchte ich die augustinische Lösung im nächsten Kapitel eigens kritisch bedenken.

Zu einem anderen Paukenschlag die Gott-Leid-Frage und ihre Dilemmas betreffend holte der deutsche Philosoph Gottfried Wilhelm Leibniz (1646–1716) aus. Schon zu Lebzeiten galt Leibniz als Universalgelehrter ersten Ranges, der ein gefragter Gesprächspartner und Ratgeber war. Seine Interessenvielfalt schien keine Grenzen zu kennen. Heutigen Schülern und Studenten ist er geradezu unheimlich: Mit sieben Jahren begann Gottfried sich selbst Latein beizubringen, ohne Wörterbuch und Grammatik, nur durch Lektüre klassischer Texte; und später entdeckte er »nebenbei« eine neue Welt der Mathematik – die Integral- und Differenzialrechnung. Noch meisterlicher war seine Auffassung von der Einheit des Kosmos auf tiefster Ebene, die dennoch unterscheidbar sei durch die schier unendliche Relationsvielfalt. Diese naturphilosophische Grundposition ist modernen Astrophysikern im 20. Jahrhundert sehr sympathisch geworden.

Vieles, was Leibniz schrieb und dachte, ist noch unveröffentlicht. Seine sprichwörtliche Zettelwirtschaft harrt der endgültigen Aufbereitung.

In seinem letzten Lebensabschnitt beschäftigte Leibniz intensiver die Frage nach dem Leid und dem guten, allmächtigen Gott. Viele Briefe und Gespräche tauschte er darüber mit der Königin Sophie Charlotte von Preußen aus. Sie war hochgebildet und philosophisch überaus interessiert; mit Leibniz war sie freundschaftlich verbunden. Auf ihrem neuerbauten Berliner Schloss Lützenburg – das heutige Charlottenburg – diskutierte Leibniz mit ihr und anderen Gelehrten viele Monate über alle Fragen zu Gott und der Welt. Auf diese Weise formte und propagierte Leibniz *seine* Lösung des Problems.

Sophie drängte den Philosophen zu einer ausführlichen schriftlichen Antwort auf Angriffe des französischen Kollegen Pierre Bayle. Er hatte in einem Buch unter anderem die verstreuten Vorüberlegungen von Leibniz zur Harmonie und dem Guten in der Welt heftig kritisiert. Obwohl sich der umtriebige und hektische Leibniz kaum Muße gönnte für längere Veröffentlichungen, raffte er sich bei der Gott-Leid-Problematik zu einem großen Werk auf. Im Jahre 1710 brachte er als Essay ein dickes Buch heraus und nannte es überraschend *Theodizee*.[3] Dieser Begriff ist künstlich gebildet aus den griechischen Wörtern für »Gott« und »Gerechtigkeit«. Leibniz meinte die Rechtfertigung Gottes angesichts der zahlreichen Übel in der Schöpfung. Es war das einzige Werk des Philosophen, das zu Lebzeiten populäre Verbreitung genoss.

Leibniz unterscheidet in seinem Buch drei Arten von Übel: die *moralischen*, die *physischen* und die *metaphysischen*. Moralische Übel stammen aus all dem Bösen, wozu Menschen fähig sind. Kleinste Gemeinheiten gehören ebenso dazu wie alltägliche Schurkereien und Verbrechen weltweiten Ausmaßes. Ursache dafür ist die Willensfreiheit des Menschen. Zu den physischen Übeln zählt Leibniz alle Leiden, Schmerzen, Krankheiten, alles Elend und Unglück auf der Welt. Sie seien vielfach »natürlichen« Ursprungs oder das Ergebnis falschen Verhaltens. Das metaphysische Übel schließlich meint die Unvollkommenheit alles Geschaffenen. Leibniz versteht darunter den lapidaren, aber bedeutungsreichen Befund, dass nichts und niemand in der unbelebten wie belebten Natur »vollkommen« gestaltet ist. Die beiden ersten Bereiche, die Leibniz unterscheidet, reichen je für sich alleine aus, um verzweifeln zu können. Heute gilt das sogar für das dritte Übel angesichts der hemdsärmligen Art einiger Gen-Mediziner und Gen-Forscher, die sich anschicken, der biologischen Unvollkommenheit auf die Sprünge zu helfen.

Der menschlichen oder philosophischen Verzweiflung hat Leibniz aber nicht das Wort geredet. Am moralisch verursachten Leid führe kein Weg vorbei. Unsere Freiheit, Böses zu wollen und zu tun, sei unabdingbar für das sittliche Selbstverständnis. Ohne *Schuld* und *Strafe* wäre unser Leben hier auf Erden unverständlich, ja sinnlos. Der göttliche Plan eines ewigen Lohns im Himmel und einer ewigen Strafe in der Hölle verlange nach absolut freier Selbstentscheidung. Leibniz nimmt diesen Umstand als gegeben hin und hinterfragt ihn nicht weiter. Allein zur Vereinbarkeit von menschlicher Freiheit einerseits und der göttlichen Vorsehung beziehungsweise Allmacht andererseits vertiefte er sich in breite Argumentation. Für ihn ist klar, dass alle freien Entscheidungen bruchlos im göttlichen Gesamtkonzept des Weltenlaufes aufgehen.

Auch die beiden anderen Quellen von Leiden sieht Leibniz als Teil eines Schöpfungsplans, der genau so und nicht ein Jota anders ausfallen konnte. Insgesamt kombinierte der Universalphilosoph ein grandioses System gegenseitiger Abhängigkeiten, die den Kosmos zu einem harmonischen Netz verwebt. In der Natur und beim Menschen sei alles optimal eingerichtet und auf umfassende Harmonie getrimmt.

Entsprechend lautete die Hauptthese des Gottfried W. Leibniz, dass unsere Welt die *beste aller möglichen Welten* ist, die Gott erschaffen konnte. Das ist letztlich Gottes Rechtfertigung; das ist die *Theodizee*. Einzelne Gedankengänge werden wir noch aufgreifen und bewerten müssen.

DIE BESTE ALLER WELTEN?

Leibniz' Buch war ein Volltreffer. Es wurde begierig aufgenommen in einer Zeit, in der sich angesichts eines zerfallenen Gottes- und Weltbildes neue Unsicherheit breit machte und in allen Bereichen unruhige Aufbruchstimmung herrschte. Rasch fand der Begriff »Theodizee« Eingang in die philosophisch-theologische Diskussion und wurde zum allseits verwendeten Schlagwort. Seither sprechen Theologen, Philosophen und andere von dem *Theodizeeproblem* oder der *Theodizeefrage*, wenn sie über *Gott und das Leid* nachdenken.

Die große biblische Theodizee haben wir beim Hiobdichter kennen gelernt. Und eine schlagwortartige Anti-Theodizee begegnete uns beim Zeitgenossen Epikur jenseits des Meeres in Athen.

So bestechend und verführerisch die Theodizee von Leibniz im Einzelnen auch gewesen sein mag, sie löste dennoch bei vielen Kollegen Unverständnis, ja Spott aus. In der besten aller Welten sollen wir leben? Hatte der große Herr Leibniz keine Augen im Kopf? Lebte er auf einer anderen, idealen Welt, die er sich zurecht gezimmert hat, fernab im Universum? Wie kann er behaupten, in der Natur und beim Menschen stehe alles zum Besten? Wie kann er sagen, jedes Ereignis, jede Ursache, jeder Entscheid würde zur Gesamtharmonie beitragen?

Beispielhaft für beißende Kritik möchte ich den französischen Aufklärer Voltaire anführen. Der Auslöser war ein verheerendes Erdbeben, das Lissabon am Allerheiligentag 1755 heimsuchte. Knapp geschätzt fanden 30 000 Menschen einen erbärmlichen Tod unter Schutt und Asche – meist in den gut gefüllten Kirchen. Viele von denen, die den Trümmern heil oder verletzt entronnen waren, fielen kurz darauf einer durch das Beben ausgelösten Flutwelle zum Opfer. Die Katastrophennachricht verbreitete sich erstaunlich rasch in ganz Europa. Es war ein Schock, der erst lähmte und dann zum Aufschrei wurde. Welchen Sinn um Himmels willen sollte dieses Desaster haben? Wollte Gott Zehntausende auf einmal schrecklichst bestrafen? Auch die Kinder und Babys, die Frommen und Frömmsten? Das war ausgeschlossen. Und der Herr Leibniz, hatte er nicht von der besten aller möglichen Welten gesprochen, in der alles universal harmonisch verläuft? J. W. Goethe schrieb biografisch-rückblickend, dass der Untergang Lissabons ihn als sechsjährigen Knaben aus seine Gemütsruhe gerissen hat und zutiefst erschütterte: »Gott, der Schöpfer und Erhalter des Himmels und der Erde, ... hatte sich, indem er die Gerechten mit den Ungerechten gleichem Verderben preis gab, keineswegs väterlich bewiesen« (Dichtung und Wahrheit I/1).

Auch Voltaire war erschüttert – gleich doppelt. Einmal wegen der unfassbaren Tragödie, zum anderen wegen seiner langjährigen Sympathie für die Beste-Welt-Auffassung. Es wird erzählt, dass Voltaire gerade interessiert im Theodizee-Buch von Leibniz studierte, als ihm die entsetzliche Nachricht von der Erdbebenkatastrophe zu Ohren kam. Daraufhin soll Voltaire das Buch für immer aus seinen Händen gelegt haben. Ich weiß nicht, ob diese kleine Anekdote historisch belegt oder nur gut erfunden ist. Jedenfalls drehte sich Voltaire angesichts des vernichteten Lissabons um hundertachtzig Grad. Er setzte sich hin und schrieb auch ein Buch: den Roman *Candide oder der Optimismus*.[4] Darin rechnete er schonungslos mit der Alles-ist-gut-Formel ab. Voltaire lief zur Hochform auf. Seite für Seite sprüht er vor Ironie und Spott. Es taucht den Leser in ein rasantes Wechselbad von Kopfschütteln, Seufzen und auch Schmunzeln.

Der Held Candide ist ein junger Bursche, der auf einem Schloss in Westfalen vom größten aller Philosophen unterrichtet wird – dem »größten Metaphysiker Deutschlands«, so Voltaire. Candide führt ein angenehmes Leben. Der Philosoph Pangloss wies bewunderungswürdig nach, dass Candide in der besten aller Welten lebte, in der alles notwendigerweise zum besten Zweck diene. Dies ist aber schon alles an guter Nachricht und gutem Leben. Ab der dritten Seite des Romans hagelt es Missgeschicke und Niedertracht, Bosheiten, Infamien und Unglücke aller Art. Den jungen Burschen verschlägt es mit seinem Lehrer nach Lissabon, wo sie in das Erdbeben geraten und ein Autodafé der Inquisition über sich ergehen lassen müssen. Um sie herum ist nur Tod, Grauen und stumpfsinnige Verblendung. Im weiteren Verlauf geben sich Barbarei und Tortur wechselseitig die Hand. Der Leser kommt gar nicht zu Atem. Nach unsäglichen Wirren lässt Voltaire seinen Helden fragen: »Nun wohl, mein lieber Pangloss, sagte Candide, ›als ihr gehängt, seziert, mit Schlägen überschüttet wurdet und Ihr auf der Galeere rudern musstet, dachtet Ihr immer noch, dass alles in der Welt zum besten bestellt sei?‹ – ›Ich bin immer noch meiner ursprünglichen Ansicht‹, antwortete Pangloss, ›denn schließlich bin ich Philosoph: ein Widerruf kommt mir nicht zu, da Leibniz nicht Unrecht gehabt haben kann, ...‹«. Der Seitenhieb auf den sturen deutschen Philosophen konnte kaum sarkastischer ausfallen. Verstockt bleibt Pangloss bei seiner Besten-Welt-Überzeugung, doch Candide ist geläutert und will nur noch

»seinen Garten bebauen«. Der griechische Philosoph Epikur lässt grüßen.

Bald palaverte und lachte halb Europa über die satirische Erzählung Voltaires. Die haarsträubenden Abenteuer des Candide und der unverbesserliche Philosoph Pangloss waren Gesprächsthema auf allen Gesellschaften. Doch erledigt war die Theodizee damit nicht. Voltaire hat mehr karikiert denn argumentiert.

Dem »Optimismus« gründlicher zu Leibe rücken wollte der einflussreiche Philosoph Arthur Schopenhauer (1788–1860). Scharfzüngig geißelte er ihn als »schreiende Absurdität« und »wahrhaft ruchlose Denkungsart« die das namenlose Leiden der Menschheit verhöhne. Ernstlich schlug Schopenhauer sogar vor, unsere Welt nicht als die beste, sondern als schlechteste unter den möglichen anzusehen.

Drastisch empfahl er: »Wenn man den verstocktesten Optimisten durch die Krankenspitäler, Lazarette und chirurgischen Marterkammern, durch die Gefängnisse, Folterkammern und Sklavenställe, über Schlachtfelder und Gerichtsstätten führen, dass alle die finsteren Behausungen des Elends, wo es sich vor den Blicken kalter Neugier verkriecht, ihm öffnen und zum Schluss ihn in den Hungerturm des Ugolino blicken lassen wollte, so würde sicherlich auch er zuletzt einsehen, welcher Art dieser meilleur des mondes possible [beste aller möglichen Welten] ist.« Woher hatte Dante sonst den Stoff zu seiner Hölle genommen, wenn nicht aus unserer wirklichen Welt, fragt Schopenhauer mokant. Dagegen wäre es für Dante unüberwindlich schwierig gewesen, die himmlischen Freuden angemessen zu schildern, denn hier gebe es dafür keinerlei Anhaltspunkte. Die Welt sei eben eine Hölle, ein »Tummelplatz gequälter und verängstigter Wesen«.[5] Später schrieb Schopenhauer handschriftlich auf einen Zettel: »Wenn ein Gott diese Welt gemacht hat, so möchte ich nicht der Gott sein; ihr Jammer würde mir das Herz zerreißen.«

Schopenhauer scheute sich nie, grobe Worte zu benutzen und seine Gegner rüde anzufahren. Auf die optimistische Theodizee von Leibniz schoss er allerdings mit so schwerem Geschütz, dass selbst Wohlgesonnene die Stirn runzelten. War dieser Pessimismus nicht weit überzogen? Doch Schopenhauer blieb bei seiner extremen Position. Er sah sie fest verankert in seiner Lebens-

Philosophie, die den »Willen zum Leben«, näher: das Streben nach egoistischer Herrschaft als *das* Grundübel ansah. Dieser Wille müsse überwunden beziehungsweise transformiert werden, vor allem in die Haltung des *Mitleids* gegenüber allen Kreaturen.

Schopenhauer machte sich keine Illusionen. Moralische Fortschritte auf breiter Front würde es nicht geben. Die Mehrheit der Menschen werde stumpf dahinleben und in eitel-nichtiger Weise um »Leben« kämpfen. Das steht übrigens dem Buddhismus sehr nahe, dem sich Schopenhauer auch stark verbunden fühlte – bis zu einer liebevoll verehrten Buddhastatue auf seinem Schreibtisch. Wer sie abschätzig kommentierte, riskierte eine Szene, über deren Drehbuch ich lieber schweige.

Für viele Zeitgenossen war Schopenhauer nichts weiter als eine verschrobene Unke. Die Zukunft würde ihn glänzend widerlegen und rasch vergessen machen. Es war genau diese Zukunft des 20. Jahrhunderts, die den Pessimismus des Philosophen aus Frankfurt noch übertreffen sollte.

Ich erspare mir und Ihnen die Aufzählung von Leiden; zu viel davon haftet schwer in unserem Gedächtnis und ist schmerzhafter Teil unserer eigenen Geschichte. Stattdessen möchte ich Sie auf eine Entwicklung aufmerksam machen, die die Lösung der Gott-Leid-Problematik in der Gotteskritik bis Gottesleugnung sieht.

VON DER OHNMACHT GOTTES

»Es gibt nur eine Frage, die wirkliches Gewicht hat: Warum widerfährt guten Menschen Böses?« So beginnt Rabbi Harald Kushner aus Boston sein weltweit populär gewordenes Buch *Wenn guten Menschen Böses widerfährt*. Wir haben es am Ende des ersten Kapitels schon kurz kennen gelernt. Angestoßen zu diesem Buch wurde Kushner durch die furchtbare Erfahrung des Leidens und frühen Todes seines Kindes Aaron. Aaron war gerade drei geworden, als ein spezialisierter Kinderarzt ihm und seiner Frau die niederschmetternde Diagnose mitteilte: Aaron leide an Progerie. Das heißt, er wird noch als Kind vor den Augen seiner jungen

Eltern und gleichaltrigen Kameraden verfallen wie ein alter Mann, um schließlich mit zehn oder zwölf als »Greis« zu sterben.

Auf diesen Keulenschlag schreibt Kushner: »Wie ist jemandem zumute, wenn eine solche Nachricht über ihn hereinbricht? Ich war ein junger, unerfahrener Rabbi, mit Kummer und Leid in dieser Welt noch längst nicht so vertraut wie später. Was ich an jenem Tag am heftigsten spürte war mein tiefes, schmerzhaftes Gefühl der Ungerechtigkeit. Es war alles so sinnlos; ich war doch kein schlechter Mensch gewesen! Ich hatte zu tun versucht, was Gott wohlgefällig war. . . . Wie konnte gerade meiner Familie dies widerfahren? Wenn es Gott wirklich gab und Er nur im geringsten Gerechtigkeit übte – von Liebe und Vergebung ganz zu schweigen – wie konnte er mir das antun? Und selbst wenn ich mich zu der Überzeugung hätte durchringen können, dass ich Strafe verdiente für irgendeine Sünde oder Nachlässigkeit, deren ich mir nicht bewusst war – aus welchen Gründen sollte Aaron so leiden müssen? Er war ein unschuldiges Kind, unbeschwert und gerade drei Jahre alt. Warum war es ihm bestimmt, physisch und psychisch solche Qualen zu erdulden, jeden Tag, den Gott werden ließ? Warum würde er erleiden müssen, dass man, wo immer er sich befand, ihn anstarrte und dem Finger auf ihn wies? Warum musste er später dazu verurteilt sein, niemals wie Jungen und Mädchen in seinem Alter Verabredungen zu treffen und eine Familie gründen zu können? Es schien mir einfach sinnlos.«

Was der junge Rabbi schreibt, geht unter die Haut. Kushner bekennt, dass er während seiner späteren Gemeindearbeit bei zahlreichen Menschen auf ähnlich sinnlose Verzweiflung und aufbegehrende Fragen stieß und er mit seinem traditionellen Lehrbuchwissen nicht weiter kam. Er suchte eigene Antworten. *Seine* Lösung fand er bei einem veränderten Gottesbild. Kushner stellte sich die Frage nach der Macht Gottes. Was könne Gott tatsächlich, und was könne er nicht? Sei er in der Lage, Schlimmes zu verhindern, was naturgesetzlich ablaufe? Gegen Ende seines Buches schreibt der Rabbi:

»Ich glaube an Gott. Aber ich glaube nicht in der Weise an ihn, wie vor Jahren, als ich heranwuchs oder Theologiestudent war. Ich bin mir der Grenzen Gottes bewusst geworden. Seine Grenzen liegen in den Naturgesetzen, in der Entwicklung der menschlichen Natur und der menschlichen Freiheit. Ich mache Gott nicht mehr verantwortlich für Krankheiten, Unfälle und Naturkatastrophen, ... Es fällt mir leichter einen Gott zu verehren, dem Leiden verhasst sind, der sie aber nicht verhindern kann, als einen Gott, der Kinder leiden und sterben lässt, aus welchen Gründen auch immer. ... Gott verursacht nicht unser Unglück. Manches Unglück ist einfach Missgeschick, anderes wird von schlechten Menschen verursacht oder ist nur die unvermeidliche Folge unseres menschlichen, sterblichen Daseins in einer Welt unabänderlicher Naturgesetze. Die schmerzlichen Dinge, die uns widerfahren, sind nicht etwa Strafen für schlechtes Betragen und schon gar nicht in irgendeiner Weise Teil eines Gottesplans. Weil das Unglück nicht von Gott kommt, brauchen wir uns nicht von Gott verlassen oder verletzt fühlen, wenn uns ein Schicksalsschlag trifft.«[6]

Klare Worte! Der leidgeprüfte Rabbi ringt mit der Theodizee-Frage und sieht nur einen Lösungsweg. Zusammengefasst lautet er: Gott ist zwar mächtig, aber nicht allmächtig. Er hat zwar die Welt und das Universum geschaffen, aber er kann nicht alles und jedes zum Besten lenken – obwohl er es gerne tun würde. Gottes Macht ist begrenzt!

Das klingt kurios. Obwohl Kushner es weniger holzschnittartig versteht, als er es zuweilen formulierte, ist seine Position deutlich. Allein steht er damit nicht. Aus unterschiedlichen Gründen haben einige Philosophen und Theologen besonders im letzten Jahrhundert den »allmächtigen« Gott ernsthaft in Frage gestellt. Der Anlass dazu waren die unfassbaren Gräuel des Holocaust. Warum hatte Gott zu Auschwitz geschwiegen? Warum griff er nicht in das Räderwerk einer gespenstischen Vernichtungsmaschinerie, die 6 Millionen Menschenleben zermalmte?

Der jüdische Philosoph Hans Jonas fragte direkt und ungeschützt, wie nach der Shoa und Auschwitz noch von Gott geredet werden könne.[7] Diese Frage würde nirgendwo schärfer gestellt als im Judentum, das Gerechtigkeit, Erlösung und Gottesnähe im Diesseits festmache. Die quälende Frage: *Wo war Gott?* müsse nach der Hölle von Auschwitz – Jonas hatte seine Mutter dort verloren – ganz neu beantwortet werden. Der althergebrachte Gottesbegriff sei verbraucht und stehe zur Disposition.

Wie Rabbi Kushner sieht Jonas nur in der *Ohnmacht* Gottes die einzige Chance, Gott selbst zu retten. Freimütig bekennt er, dass wir »den Herrn der Geschichte wohl fahren lassen müssen«. Es gäbe keine starke Hand und keinen starken Arm Gottes. Gott sei ohne Macht in dieser Welt. Jonas begründet diese ausgefallene Sicht mit einem besonderen Schöpfungsverständnis. Gott habe sich am Anfang der Schöpfung einem Wagnis ausgesetzt. Radikal habe die Gottheit der Welt alles von sich gegeben, alles übergeben; menschlich gesprochen: mit »Haut und Haaren« überlassen. Gott wäre ein Abenteuer eingegangen, ohne den Rückhalt eines Restes an verfügender Macht über die zukünftigen Ereignisse. Die Immanenz Gottes in der Welt sei bedingungslos und vollkommen. Jonas denkt sie so radikal, dass Gott durch die Entfaltung des Lebens und der menschlichen Geschichte selbst bereichert werde. »Jede in ihrem Lauf sich neu auftuende Dimension der Weltbeantwortung bedeutet eine neue Modalität für Gott, sein verborgenes Wesen zu erproben und durch Überraschungen des Weltabenteuers sich selbst zu entdecken.«

Jonas proklamiert einen Gott des Werdens, der sich mit der Welt und den Menschen bewegt. Um kein Missverständnis aufkommen zu lassen: Das ist kein Pantheismus. Gott ist nicht die Welt und die Welt ist nicht Gott. Vielmehr denkt Jonas an eine Art Eintauchen Gottes in die Welt als uneingeschränkte Selbstübergabe. Er formuliert: » . . . damit die Welt sei, und für sich selbst sei, entsagte Gott seinem eigenen Sein; er entkleidete sich seiner Gottheit, um sie zurückzuempfangen von der Odyssee der Zeit, beladen mit der Zufallsernte unvorhersehbarer zeitlicher Erfahrung, verklärt oder vielleicht auch entstellt durch sie.« So bestimmt die »Welt« den Lauf der Geschehnisse, und die Menschen tragen volle Verantwortung. Die Konsequenz daraus ist eine völlige Ohnmacht Gottes. Von Auschwitz und der Shoa ist Gott entlastet. Ausdrücklich erklärt Jonas: »Und da sage ich nun: nicht weil er nicht wollte, sondern weil er nicht konnte, griff er nicht ein.«

Aus christlicher Perspektive klingt dieser Ansatz weniger befremdend als für jüdische Ohren. Was Jonas von Gott und der Welt sagt, passt wesentlich auf *Jesus Christus*. Seine Inkarnation war nach neutestamentlichem Zeugnis auch eine völlige

Entäußerung, ja Auslieferung seiner Macht und Herrlichkeit an die »Welt«. Aber auch in der christlichen Tradition bleibt Gott der uneingeschränkte Herr der Geschichte. Daran ändert auch die Menschwerdung in Jesus Christus nichts.

Die neue evolutionäre Weltsicht im 20. Jahrhundert war ein weiterer wichtiger Anlass, Gottes Allmacht in Frage zu stellen. Daraus entstand die so genannte *Prozesstheologie*,[8] die in den USA starke Wurzeln hat. Im Kern deckt sich ihre These mit der Ansicht von Rabbi Kushner und Hans Jonas: Gott ist nicht allmächtig; er kann keine Wunder vollbringen und kein Unglück verhindern. Prozesstheologen begründen dies aber mit der Auffassung, dass die *Materie* gleich ewig sei wie der *Gottesgeist* und eine chaotische Struktur aufweise. Zum Projekt »Schöpfung« hätte Gott in das Chaos der Ur-Materie eingegriffen und einen Entwicklungsprozess angestoßen. Seither forme Gott diesen Prozess unablässig weiter. Allerdings könne Gott dabei nicht schalten und walten, wie er wolle, sondern seine Macht würde durch die Eigengesetzlichkeit der Materie begrenzt. Die grundlegenden Bedingungen der materiellen Abläufe müsse Gott respektieren. Sie einfach auszuschalten, sei ihm nicht möglich. Dann wäre die Materie nicht mehr das, was sie ausmache, nämlich potentiell Freiheit und auch Leid zu ermöglichen. Die Alternative zu einem leidvollen Leben in einer materiellen Welt wäre überhaupt keine Welt und damit auch kein Dasein in *Freiheit*. Doch ein kosmischer Lebensprozess, der Freiheit gewähre und entfalte, sei allemal besser als »nichts«. Die unvermeidlichen Leiden müssten in Kauf genommen werden – von Gott und von uns.

Was die Prozesstheologen vertreten haben, ist recht ungewöhnlich, jedenfalls für die herkömmliche Theologie. Aus der Sicht moderner Naturwissenschaften sieht die Sache schon anders aus. Die These von der zeitlosen Materie und ihrer selbstorganisierenden Kraft ist hochaktuell und birgt brisante Konsequenzen. Betroffen ist vor allem das Schöpfungsverständnis. Da es bei der Theodizee-Problematik eine zentrale Rolle spielt, werden uns noch weit reichende Fragen beschäftigen. Das Gespräch mit Kosmologen und Astrophysikern ist dabei selbstverständlich.

Kann die Begrenzung der Allmacht Gottes eine Lösung für die Gott-Leid-Frage sein? Auf dem Papier »ja«, wenn man die epikurschen Dilemmas vor Augen hat. Das ist aber schon alles. Aus umfassend theologischer Sicht führt nach meiner Überzeugung kein Weg an der Allmacht Gottes vorbei. Ich sehe in ihr keinen unüberbrückbaren Widerspruch zum Leid in der Welt. Vorausgesetzt allerdings, die Macht Gottes wird nicht naiv verstanden und nicht noch naiver auf die Welt und den kosmischen Prozess projiziert.

Auch die biblische Tradition wie die christliche Verkündigung lassen keine Zweifel an Gottes Allmacht aufkommen. Vielen Menschen gibt sie letzte Hoffnung in Leiderfahrungen, wenn alle menschliche Kraft und Kunst versagt. Umgekehrt ist sie aber auch für viele der entscheidende Anlass, den Glauben an Gott aufzugeben oder erst gar nicht ernsthaft zu erwägen.

ANKLAGE UND ABKEHR

Einen zornigen Gottesprotest hat Albert Camus in seinem Roman *Die Pest*[9] eindrücklich verarbeitet. Camus erzählt, wie in einer nordafrikanischen Stadt die Seuche ausbricht und der Tod wahllos unter den Einwohnern wütet. Aufopferungsvoll stemmt sich der Arzt Rieux dem Grauen entgegen. Über diese Arztfigur bemerkt Camus: »Wenn er an einen allmächtigen Gott glaubte, würde er aufhören, die Menschen zu heilen und die Sorgen ihm überlassen.«

Ausgelaugt und übermüdet steht Rieux eines Tages vor dem Bett eines pestkranken Kindes, dessen Todeskampf grässliche Züge angenommen hatte. Bei ihm ist Pater Paneloux, der das Sterben miterleben musste. Rieux und der Pater spüren das Übermaß der Qual in der eigenen Seele. Kurz darauf sagt Paneluox im Garten zögerlich: » ... vielleicht sollen wir lieben, was wir nicht begreifen können«. Da bäumt sich Rieux auf und kontert leidenschaftlich zurück: »Nein, Pater, ... ich werde mich bis in den Tod hinein weigern eine Schöpfung zu lieben, in der Kinder gemartert werden.«

Von Georg Büchner stammt das vielzitierte Wort, dass das Leid »der Felsen des Atheismus« sei. Im seinem Drama *Dantons Tod* spricht der Revolutionär Payne davon und fährt fort: »Das leiseste

Zucken des Schmerzes, und rege es sich nur in einem Atom, macht einen Riss in der Schöpfung von oben bis unten.«[10] Ein gigantischer Riss in der Schöpfung!? Das ist ein schwerwiegendes und folgenreiches Wort. Gott selbst sitzt auf der Anklagebank. Hat er beim Erschaffen des Universums Fehler gemacht? Oder legt er vor den Risiken und Unfallgefahren seiner Schöpfung gleichgültig die Hände in den Schoß? Da drängt sich Atheismus auf. Statt Gott irgendwelche Baumängel nachzusagen, ziehen es viele Menschen vor, ihn nicht existieren zu lassen. Es sei redlicher, über einen solchen Gott ewig zu schweigen, als ihm Pfuscherei vorzuhalten, was die ganze Sache nur lächerlich mache.

An anderer Stelle seiner Werke schreibt Büchner einen denkwürdigen Satz, den wohl sehr viele Menschen spontan mitsprechen. Er stammt aus dem Mund des jungen Lenz in der gleichnamigen unvollendeten Novelle. Lenz war wegen des irrsinnigen Leidens auf der Welt selbst dem Irrsinn verfallen und stammelt zu Pfarrer Oberlin, der an seinem Bett tröstend von Gott sprach: »Aber ich, wäre ich allmächtig, sehen Sie, wenn ich so wäre, ich könnte das Leiden nicht ertragen, ich würde retten, retten; ...«

Einige Tage zuvor hatte Lenz am Strohlager eines gestorbenen Mädchens gestanden. Nach langer Starre raffte er sich auf und sagte laut: »Stehe auf und wandle!« Büchner weiter: »Aber die Wände hallten ihm nüchtern den Ton nach, dass es zu spotten schien, und die Leiche blieb kalt. Da stürzte er halb wahnsinnig nieder; dann jagte es ihn auf, hinaus ins Gebirge. ... Er rannte auf und ab. In seiner Brust war ein Triumphgesang der Hölle. Der Wind klang wie ein Titanenlied. Es war ihm, als könnte er eine ungeheure Faust hinauf in den Himmel ballen und Gott herbeireißen und zwischen seinen Wolken schleifen; als könnte er die Welt mit den Zähnen zermalmen und sie dem Schöpfer ins Gesicht speien; er schwur, er lästerte. ... Lenz musste laut lachen, und mit dem Lachen griff der Atheismus in ihn und fasste ihn ganz sicher und ruhig und fest.«[11]

Der Atheismus, von dem Georg Büchner spricht ist ein Theodizee-Atheismus. Es ist vielleicht der authentischste von allen Atheismen. Er hat wenig von der sterilen Berechnung anderer Gottesleugnungen und gar nichts vom desinteressierten Achselzucken gegenüber dem Himmel. Sein Ort liegt tief in einem mitfühlenden Herzen, und sein Motiv ist Empörung über das unerträgliche Maß an sinnlosem Leiden auf dieser Erde.

Das empörende Nein kann soweit gehen, dass selbst ein Platz im Himmel »dankend« abgelehnt wird, wie es Iwan Karamasow tut gegenüber seinem frommen und entsetzten Bruder Aljoscha. Fjodor Dostojewskij hat in seinem genialen Monumentalwerk *Die Brüder Karamasow* diese Szene[12] eindringlich ausgestaltet und dem Gottesleugner Iwan wuchtige Argumente beigegeben. Iwan erzählt seinem Bruder Aljoscha von Kinderqualen, so erbarmungswürdig wie abgründig. Ein Beispiel handelt von einem ausgefallen grausamen Gutsbesitzer, der einen kleinen Jungen von Jagdhunden zu Tode hetzen ließ – als Strafschauspiel, vor den Augen der Mutter und dem anderen Leibgesinde. Iwan sieht das Weltall erschüttert von den Tränen eines gemarterten Kindes. Niemand dürfe solche Leiden vergeben, nicht die Mutter und auch nicht Gott. Keine zukünftige Harmonie könne das wiedergutmachen. Trotzig hält Iwan seinem Bruder vor: »Ich will keine Harmonie, aus Liebe zur Menschheit will ich sie nicht.« Der Himmel könne die Leiden nicht aufwiegen; sie sind geschehen und keine Ewigkeit vermag sie rückgängig zu machen – auch nicht die Hölle. Daher legt Iwan seinem fassungslosen Bruder Aljoscha die Karte für den Himmel auf den Tisch und bemerkt ironisch: »Nicht Gott lehne ich ab, Aljoscha, sondern ich gebe Ihm nur ehrerbietigst die Eintrittskarte zurück.«

Was Dostojewskij den aufmüpfigen Iwan Karamasow im 19. Jahrhundert aussprechen ließ, wurde im darauf folgenden Jahrhundert ungezählte Male wiederholt. Angesichts der millionenfachen Vernichtungsgräuel bleibt Vielen die Formel, dass am Ende die Gerechtigkeit siegen werde, im Halse stecken. Für Theodizee-Atheisten gibt es nur eine redliche Konsequenz: Die Gottesfrage muss endlich und endgültig vom Tisch! Einen guten und allmächtigen Gott könne es nicht geben, dürfe es nicht geben. Das unsägliche LEID in der Weltgeschichte sei ein Anti-Gottesbeweis ersten Ranges. »Die einzige Entschuldigung für Gott besteht darin, dass er nicht existiert.« Dieses berühmte Wort des französischen Literaten Stendhal (1783–1842) könnte provokativer Leitspruch des Theodizee-Atheismus sein.

Kurz bevor Stendhal seinen Satz niederschrieb, hatte der

Königsberger Philosoph Immanuel Kant die Gott-Leid-Frage für grundsätzlich unlösbar erklärt. In seiner knappen Abhandlung *Über das Misslingen aller philosophischen Versuche in der Theodizee* (1791) streicht Kant selbst die Segel und mahnt alle Philosophen, Theologen und Möchtegern-Gottkenner, es ihm gleich zu tun. Unsere menschliche Vernunft reiche prinzipiell nicht bis zur Transzendenz Gottes, seine Weisheit der Schöpfung bleibe uns immer verschlossen. Allein die praktische Theodizee lässt Kant gelten; er nennt sie »authentisch«. Das Buch Hiob sei ein Paradebeispiel für solche authentische Theodizee. Dort und anderswo in der Bibel könne man erfahren, wie Gott zum Leid stehe und wie wir damit umgehen sollen. Reine Vernunftüberlegungen zur Gott-Leid-Problematik seien zwecklos und vertane Zeit.

Ist das ein salomonisches Urteil? Ist Gott zu retten, indem man Leidkritik von ihm fern hält, weil sie dem Stochern in einem unendlichen Nebelmeer gleiche?

Nein! – rufen die Theodizee-Atheisten Kant entgegen. Seine Position sei halbherzig und inkonsequent. Recht habe er mit seiner *Erkenntnisschranke* gegenüber Gott. Da hätte Kant wichtige philosophische Grundlagen erarbeitet. Doch seine Akzeptanz der Bibeloffenbarung verdiene gehörig Kritik. Den schreienden Widerspruch zwischen der biblischen Botschaft eines guten und allmächtigen Gottes auf der einen Seite und der katastrophalen Welt auf der anderen, könne auch ein »Kant« nicht ausräumen. Unredlich sei es, einfach darüber hinweg zu gehen.

Drastisch hat sich dazu vor ein paar Jahren der Rechtsphilosoph Norbert Hoerster in einem einflussreichen Artikel über die Unlösbarkeit des Theodizeeproblems geäußert.[13] Man könne es drehen und wenden, wie man wolle: Die Theologie müsse entweder eine der Eigenschaften Gottes aufgeben beziehungsweise modifizieren oder die Unlogik ihrer Position akzeptieren. Das heißt, sie am besten gleich ganz über den Haufen werfen. Am Ende seiner Ausführungen wendet sich Hoerster auch scharf gegen den Versuch, vernünftiges Denken aus der Gott-Leid-Frage zu verbannen und stattdessen aufzufordern, einfach nur zu glauben. Gerade weltanschauliche Überzeugungen müssten für rationale Begründungen offen sein und sich um gegenseitige Verständigung mühen. Die Figur des Hiob wäre dafür das klassische Minusbeispiel. Ein Machtwort Gottes reiche aus und schon beuge Hiob vor dem Herrn und seiner vermeintlichen Güte die Knie, kritisiert Hoerster. Das sei weder intellektuell redlich noch konsequent. Vielmehr müsse man einem solchen Gott, der überwältigt, statt überzeugt, besondere Skepsis und moralische Reserve entgegen bringen. Eine klare Meinung, die allerdings Hiobs Widerruf bis zur Unkenntlichkeit verzerrt. Wir haben im letzten Kapitel einen anderen Eindruck gewonnen.

Für Norbert Hoerster ist der Abschied von Gott redlicher und plausibler als alle Gottesverteidigungen zusammen. Er spricht damit für viele religionskritische Philosophen, die ausdrücklich einen Theodizee-Atheismus propagieren. Im deutschen Sprachraum nenne ich nur Hans Albert, Gerhard Streminger und auch Franz Buggle.[14] Sie und ungezählte Menschen rund um den Erdball sind zutiefst überzeugt: Gott ist schon lange tot, gestorben an einer Überdosis LEID. Theologie ist demnach eine Art Totenbeschwörung, die die Augen vor der brutalen Realität verschließt. Allenfalls würde Gott als Wiedergänger durch die kirchliche Verkündigung geistern oder als virtuelle Mumie, deren »Leben« von einer Steckdose abhängt.

Der Theodizee-Atheismus gibt sich unerbittlich und kennt kein Pardon. Ich sehe in ihm eine der stärksten Herausforderungen für die Theologie. Wenn es nicht gelingt, die Gottesleugnung aus Leid zu entkräften, bleibt wirklich nichts anderes übrig, als den Stecker zu ziehen und Gott zu verabschieden. Was ist möglich? Welche Antworten sind noch erlaubt, welche nicht? Wo liegt die Grenze zum Geheimnis? Wann ist Vertrauen berechtigt? Kein blindes oder willkürliches Vertrauen, sondern verantwortet und auch für Skeptiker plausibel!

Wir haben schon den Hiobdichter kennen gelernt, seine Fragen, seine Antwort, seinen Fingerzeig. Dazu ist uns ein Panorama ganz unterschiedlicher Meinungen und Denkversuche begegnet. Eines ist ihnen gemeinsam: Der Verweis auf die Schöpfung. Sie birgt den Schlüssel. Von ihrem Verständnis hängt es ab, ob sich ein Zugang öffnet für mögliche Lösungen. Hier möchte ich einhaken. Das Anliegen des Hiobdichters und anderer verdient es, weitergeführt und aktuell bedacht zu werden.

Schöpfungsharmonie oder »Sündenfall«?

KAM SO DAS LEID IN DIE WELT?

Einer der ersten christlichen Theologen, der sich intensiv mit der Gott-Leid-Problematik befasste, war der Kirchenvater *Aurelius Augustinus* (354–430). Pointiert formulierte er Antworten, die einen Siegeszug in der kirchlichen Verkündigung antraten. Bis heute wird seine Grundthese von einem Schöpfungsfall, der universales Verderben brachte, kirchlich verbreitet und verteidigt. Doch Augustins Auffassung wurde von Anfang an kritisiert und das mit gutem Grund. Ich teile diesen Grund, und ich werde ihn im Laufe des Kapitels noch weiter untermauern.

Wie kam Augustinus zu seiner leidenschaftlich vorgetragenen Ansicht? Jahrelang hatte der hochbegabte Rhetoriklehrer aus Nordafrika um Wahrheit in seinem Leben gerungen. Unstet suchte er in Karthago, Rom und Mailand nach Antworten. Dem Christentum zeigte er die kalte Schulter, was seine christliche Mutter schier verzweifeln ließ. Ihr Sohn bewunderte lieber die Eleganz literarischer und philosophischer Schriften, er legte seinen Ehrgeiz in die Beherrschung sophistischer Redetechniken, um in Streitdebatten zu glänzen und hatte ansonsten Appetit auf Geld, Ansehen und Frauen. Die biblisch-christliche Lehre erschien ihm ausgesprochen dürftig bis kläglich – weit abgeschlagen im Wettbewerb um eine tragfähige und erfolgreiche Weltsicht.

Doch alles, was Augustinus näher bedachte und ausprobierte, konnte ihn auf Dauer nicht befriedigen. Insbesondere quälte ihn die Frage nach dem Bösen, seiner Herkunft und seiner Bedeutung. Wie Epikur und der Hiobdichter fragte er nach der Rolle Gottes angesichts des Bösen und des großen Leids in der Welt. Diese Grübeleien waren mit der Grund, warum Augustinus dennoch den Weg zum Christentum fand und ihn schließlich kompromisslos einschlug. Als neuer christlicher Lehrer und Bischof beleuchtete Augustinus so ziemlich jedes Problem, das ihm einst unter den Nägeln brannte oder irgendwie wichtig erschien. Zur Leidfrage entwickelte er einen Gedankengang, der rasch zur Standarderklärung par excellence aufstieg: die *Lehre von der Erbsünde* und ihre Folgen. Die Wirkungsgeschichte in der Theologie reicht bis heute.

Daneben gab Augustinus zwei weitere Hinweise zum Verständnis des Leids und des Bösen. Allerdings werden diese von der Erbsündenlehre dominiert und auch korrigiert. Beim ersten Hinweis fragte sich Augustinus grundsätzlich, was das *Böse* eigentlich ist? Muss es als etwas Eigenständiges in der Schöpfung gesehen werden, oder ist es gar nicht vorhanden, nur eine Art Illusion in den Köpfen der Menschen?

Augustinus verwarf die eine wie die andere Auffassung. Zwar sei das Böse eine zutiefst antigöttliche Realität, die unsägliches Leid hervorbringe, doch vom letzten Grund her habe es keinen Platz in der Schöpfung. Das GUTE ist Ursprung und Wesen alles Geschaffenen. Der absolut *gute* Gott konnte nur eine *gute* Schöpfung erschaffen. Alles andere wäre in sich widersprüchlich. Ursprünglich könne es keine irgendwie geartete »böse« Schöpfung geben. Und konsequent denkt Augustinus weiter: Das *Böse* kann nur als »Mangel des Guten« aufgefasst werden. Das betrifft moralisch schlechtes Handeln ebenso wie natürliche Leiderfahrungen. Damit ist das »Böse« eigentlich nicht vorhanden; es ist ohne Essenz, substanzlos durch und durch. Augustinus wurde für diese Nichtigkeits-Auffassung des Bösen viel gescholten. Er habe sich zu sehr von der akademischen Philosophie des Platon (427–347 v.Chr.) und seines originellen Neuinterpreten Plotin (205–270 n.Chr.) blenden lassen. Außerdem habe Augustinus die Realität des Bösen unterschätzt, würde es verharmlosen und entschärfen.

Was den zweiten Vorwurf anbelangt, ist Augustinus der Letzte, dem man das nachsagen kann. Dazu genügt schon ein Blick auf seine Interpretation der Erbsünde und ihrer Folgen. Auch der erste Einwand trifft das augustinische Kernanliegen nicht. Ihm ging es nicht um eine kongeniale Anleihe bei der angesehensten Philosophie, sondern um das wahre Verständnis der biblischen Kunde von der Gutheit und Allmacht Gottes und seiner »guten« Schöpfung. Dass die philosophische Ideenlehre des Platon dabei half, klarer zu sehen, kam Augustinus nur gelegen. Welches Missverständnis er vor allem abwehren wollte, beschrieb er in einem Satz seiner *Bekenntnisse* (7. Buch 13) so: »Und für dich [Gott] gibt's überhaupt nichts Böses, und nicht nur für dich nicht, sondern auch nicht für das All deiner Schöpfung. Denn es ist nichts draußen, was in sie einbrechen und deine für sie gestiftete Ordnung stören könnte.« Augustinus wendet sich gegen ein dualistisches Verständnis in der Schöpfung. Neben dem Guten gibt es kein eigenständiges böses »Prinzip« oder eine böse »Substanz« oder was auch immer.

In diesem Punkt war der Kirchenmann ein gebranntes Kind. Seine Vergangenheit als Anhänger der Religion des Manichäismus lastete schwer auf seiner Biografie. Die Manichäer glaubten unter anderem an einen kosmischen Dualismus, bei dem *gut* und *böse* gleichgewichtig im Kampf liegen. Wie Licht und Finsternis würden sie jeweils um Vorherrschaft ringen, und die Aufgabe der Gläubigen sei es, sich dem Licht kraftvoll anzuschließen. Nachdem sich Augustinus dem Christentum zugewandt und die biblischen Traditionen übernommen hatte, war für ihn der kosmische Streit überholt. Gott allein regierte das All und schuf nach seinem Willen eine gute Schöpfung. Der Hiobdichter sah es nicht anders.

Folgerichtig sprach Augustinus auch von der wundervollen Ordnung und Schönheit in der Schöpfung. Gott hätte den Kosmos wie ein zusammengesetztes Kunstwerk geschaffen, dessen unzählige Einzelteile perfekt aufeinander abgestimmt seien. Hinreißend und schwelgend liest sich der Rundgang durch die »Natur«, den Augustinus im letzten Buchteil seines Alterswerks *Gottesstaat* vorstellt. Ähnlich wie in der Rede Gottes an Hiob fordert er seine Leser auf: »Sieh sie dir nur an, die vielgestaltige, wechselnde Schönheit des Himmels, der Erde und des Meeres, die Fülle und den wunderbaren Glanz des Lichtes, die Sonne, den Mond und die Sterne, die dicht belaubten Wälder, die Farben und Düfte der Blumen, die Menge zwitschernder, bunter Vögel in ihrer mancherlei Arten, die Vielgestaltigkeit zahlloser Tiere, die je kleiner, desto wunderbarer sind – denn über das Treiben der winzigen Ameisen und Bienen staunen wir mehr als über die Riesenleiber der Walfische –, das gewaltige Schauspiel des Meeres selbst, das sich mit den verschiedensten Farben schmückt, als wären es seine Gewänder, bald in mancherlei Schattierungen grün schimmert, bald purpurrot, bald himmelblau«.[1] Augustinus preist sogar die wohlschmeckenden Speisen, die Gewürze, die Gerüche, die Kochkunst und überhaupt die Fähigkeiten des Menschen zu großartigen Kulturleistungen in allen Bereichen.

Allerdings gesteht Augustinus seinen Kritikern zu, dass der erschöpfende Einblick in die Ästhetik der Ordnung unmöglich sei. Wir Menschen würden oft zu kurz sehen und keinen Blick für das Gesamtwerk haben. Das komme daher, weil wir selbst ein sterblicher Teil dieser Ordnung seien »und das Weltall nicht übersehen können, zu dem auch die Teilstücke, die uns ärgern, wohlangebracht und trefflich passen.«[2] Wo die eigene Blickschärfe nicht ausreiche, sei Glaube an die gute Vorsehung Gottes angebracht. Das betrifft vor allem schwer erträgliche Vorgänge in der Natur und noch stärker das Böse im Weltenlauf. Dennoch, auch böse Ereignisse sind nach Augustinus in die gute Schöpfung so eingewoben, dass sie diese nicht zerstören können. Es muss dem Guten dienen und zum Sieg verhelfen. An diesem Punkt setzte Augustinus jedoch eine scharfe Zäsur. Denn der Durchbruch des Guten gelinge nur mit mächtiger Gnadenunterstützung Gottes. Ohne diese Hilfe vom Himmel wären wir ein verlorenes Geschlecht und die Welt wäre ein Abgrund des Schreckens.

Weshalb?

Nach Augustinus ist die umfassende Harmonie in der Schöpfung durch ein bestimmtes Ereignis zu Bruch gegangen. Seither schleppt sich alles im Kosmos – gerade auch der Mensch – schwer verwundet durch den Zeitenlauf und hofft auf Wiederherstellung am Ende der Tage. Nur noch schwach glimme der ursprüngliche Glanz der Schöpfungsschönheit und ihrer Vollkommenheit. Es waren Theodizee-Fragen, die Augustinus zu einer solchen Auffassung führten: Wenn Gott das Gute in sich ist und das Böse neben ihm keinen Platz hat, wenn die Schöpfung harmonisch und heil gestaltet ist, warum gibt es dann so viel Leid in der Welt? Warum ist für uns Menschen das Leben ein solcher Dornenpfad? Warum so viel Qual, Elend, Schmerz, Unglück, Gewalt – und ... und? Vor allem auch: Warum müssen wir überhaupt sterben?

Augustinus stand in Erklärungsnot. Er ging ja von einer schönen und guten Schöpfungsordnung aus, in der das *Böse* keinen Stammplatz hatte. Woher dann aber all das Grauen ringsherum? Kurz und bündig lautete Augustins Antwort: Ja, Gott habe am Anfang alles sehr gut geschaffen – eine Welt ohne Leid, ohne Schmerzen, ohne Unglück, in der die Menschen absolut glücklich und in Frieden lebten. Doch mit der ersten Sünde zerstörten die Menschen das »überirdische« Glück restlos und dauerhaft.

Augustinus bezog sich auf die Paradieserzählung in Genesis 2–3. Dort glaubte er den Universalschlüssel zum Verständnis des Leidens gefunden zu haben. Die Schöpfung sei umfassend *heil* aus der Hand Gottes hervorgegangen. Weder auf der Natur an sich und ihren zahlreichen Kreaturen, noch beim ersten Elternpaar Adam und Eva hätte der geringste Schatten eines Übels gelastet. Unsere Stammeltern wären makellose Menschen gewesen. Ihre körperliche Unversehrtheit, ihre seelische Reife und geistigen Kräfte hätten nichts zu wünschen übrig gelassen.

Dazu schreibt Augustinus: »Doch was konnten sie fürchten oder worüber Schmerz empfinden bei der Fülle köstlicher Güter, wo weder Tod noch irgendein körperliches Übelbefinden drohte, wo nichts fehlte, ... wo es nichts gab, was Leib oder Seele des glücklichen Menschen hätte verletzten können? ... In ruhiger Sicherheit ward die Sünde gemieden, und solange dies andauerte, konnte nirgendwoher ein Übel, das Trübsal verursacht hätte, hereinbrechen. ... So glücklich wie sie damals waren, als noch keine Leidenschaft ihre Seele verwirrte, kein Gebrechen ihren Leib heimsuchte, ebenso glücklich wäre das ganze Menschengeschlecht gewesen, hätten sie nicht das Böse begangen, das sie dann auf ihre Nachkommen übertrugen...«[3] Das Böse, von dem Augustinus spricht, ist der *Sündenfall* Adam und Evas. Entgegen Gottes Verbot aßen sie vom Baum der Erkenntnis – aus Hochmut, um sein zu können wie Gott.

Die weiteren Ereignisse sind bekannt: Gott entdeckte die Tat, stellte die beiden zur Rede und bestrafte den Ungehorsam. Soweit, so gut. Nicht gut! – donnerte Augustinus. Die Sünde Adam und Evas sei eine Erb-Schuld. Sie werde von den Eltern auf die Kinder weitergegeben samt dem ganzen Elend der Sündenfolgen. Denn die drastischen Strafen müssten wir alle ausbaden, alle

Nachkommen Adams und Evas bis zum letzten Menschen, der je leben werde. Dem nicht genug! Die Sünde im Paradies habe auch den ganzen Kosmos verdorben. Nichts sei mehr so wie vorher, nichts, wie es einmal wunderbar gestaltet war. Das sind erschütternde und verhängnisvolle Schlüsse, die Augustinus aus seiner Erbsündenlehre zog.

Konkret bedeutet das: Adam und Eva haben sich und alle Menschen um die übernatürlichen Gaben der ursprünglichen Heiligkeit und Vollkommenheit gebracht. Dazu haben sie die einst wunderbare Schöpfungsordnung in Wirrnis, Aufruhr und Tod gestürzt. Seit der Strafverkündung Gottes sind wir ein verlorenes und todgeweihtes Geschlecht, bestimmt für den Teufel und seine Hölle. Seither müssen die Kinder unter schweren Schmerzen geboren werden und für Adam ist der »Acker« verflucht, d. h. die Arbeit zum Lebensunterhalt wurde mühselig und kummervoll. Diese Hauptstrafen nach der Bibel sind für Augustinus nur Teil eines größeren Pakets. Dessen Inhalt ist so unheilvoll wie die Büchse der Pandora.

So gehöre zur Sterblichkeit nicht nur der Tod am Ende des Lebens, sondern auch der gesamte Leidenskelch, den Krankheit und Siechtum aufzufüllen vermögen: Schmerzen über Schmerzen, quälendes Fieber und Wahnsinn, Missgeburten, Fehlgeburten, Geschwüre, Gebrechen aller Art und was noch alles. Auch der Zustand unseres Innenlebens wäre mehr als erbärmlich: Wir seien von schrecklicher, tiefer Unwissenheit gefangen, die uns wie ein finsterer Schoß aufnehme. Das Denken, Lernen und Begreifen sei reinste Plage. Ohne harte Lehrer, die ihre Riemen, Ruten und Stecken locker führten, könnten Kinder überhaupt nicht erzogen werden. Rhetorisch fragt Augustinus: »Denn woher kommt es, dass wir mühsam uns erinnern, aber mühelos vergessen, mühsam lernen, aber mühelos verlernen, mühsam fleißig, aber mühelos träge sind? Geht nicht daraus deutlich hervor, wohin die verderbte Natur durch ihr eigenes Schwergewicht neigt und absinken will, ...?«. Durch dieselbe unheilvolle Neigung seien wir so schnell misslaunig und erbittert, aufbrausend und jähzornig, mutlos und verzweifelt. Sorgen, Leidenschaften, Kümmernisse, Ängste und alberne Freuden gehörten ebenso zu unserem täglichen Leben wie die Obsession von fleischlichen Begierden, die uns beherrschen und zerfressen. Dazu kommt unsere Anfälligkeit, ja Vorliebe für jegliche Niedertracht und Bosheit für die wir kaum Worte finden. Unablässig steigen die Sünden des Menschen den Lasterkatalog des Teufels rauf und runter. Zum Guten seien wir unfähig, ausgenommen die Gnade Gottes helfe uns aufzustehen aus dem zähen Morast, in dem wir verwundet liegen.

Da ebenso die äußere Natur von den Sündenfolgen getroffen und schwer verletzt wurde, wären wir auch ihren chaotischen Wirren unterworfen. Seit der Paradiesvertreibung trage die Erde Dornen und Disteln, seither litten wir »durch zahllose schlimme Zufälle, Hitze, Kälte, Stürme, Regengüsse, Überschwemmungen, Blitz und Donner, Hagel und Wetterschlag, Erschütterung und Aufspaltung der Erde, Einsturz von Häusern, durch Wut, Scheuwerden oder Bösartigkeit der Zugtiere, durch so viel giftige Früchte, Wässer, Gerüche, Tiere, durch bald bloß schmerzhafte, bald sogar tödliche Bisse wilder Bestien«[4] und noch viel mehr.

Augustinus listet ein wahres Schreckensszenario auf, dem Mensch und Natur ausgesetzt sind. Er versteigt sich sogar zu der Formulierung, dass das Leben eine »kleine Hölle« sei. Was für ein Urteil! So stringent der ehemalige Dialektiklehrer dachte, so drastisch zog er seine Folgerungen.

Hat Gott tatsächlich seine ganze Schöpfung den »Bach runter gehen lassen« bis in den Höllenschlund hinein wegen des Sündenfalls am Anfang der Menschheitsgeschichte? Müssen wir und die Tiere das alles wegen der einen Ursünde von Adam und Eva auf uns nehmen? Ist das gerecht? Das Gerechtigkeitsgefühl sträubt sich nach allen Seiten. Zu diesem moralischen Einwand gibt es heute aus naturwissenschaftlicher Sicht weitere Gegenargumente. Ich werde noch darauf zurück kommen.

IST ALLES VERDORBEN?

Schon zu Lebzeiten musste Augustinus herbe Kritik einstecken. Er reagierte darauf äußerst gereizt, selbst auf sachliche Hinweise und vorsichtige Einwände.

Wortführer und schärfster Widersacher Augustins wurde der junge Bischof Julian von Eclanum (Süditalien). Er war ebenfalls hochgebildet und seinem afrikanischen Kontrahenten in vielem ebenbürtig. Zwölf Jahre lang tobte zwischen ihm und Augustinus ein erbitterter Streit. Beide teilten kräftig aus, so dass regelrecht die Fetzen folgen. Als Augustinus am 28. August 430 im hohen Alter starb, war die Fehde noch nicht entschieden. Doch letztlich hatte Julian, der dem so genannten *Pelagianismus*[5] anhing, gegen die Autorität des angesehenen Bischofs aus Hippo keine Chance. Zudem gab es eine kirchenamtliche Vorentscheidung für die augustinische Sichtweise durch die Verurteilung des Pelagius im Jahre 418. Augustinus war massiv gegen dessen Gedanken und Thesen zur Gnade, zur eigenen Willenskraft und Heiligungsfähigkeit vorgegangen. Schließlich konnte er die Mehrheit seiner Kollegen in der einflussreichen Kirche Nordafrikas und Päpste in Rom für seine Auffassung gewinnen.

Doch davon ließ sich der energische Julian und mehrere seiner Mitbischöfe nicht beeindrucken. Sie verweigerten ihre billigende Unterschrift zum Pelagiusbann, was ihnen postwendend die Absetzung einbrachte. Julian nahm den Kampf mit der Feder auf. Damit war ein geruhsamer »theologischer« Lebensabend für Augustinus dahin. Er brütete über Widerlegungsschriften, die ihn mehr Schweiß und Rage gekostet haben als ein Berg früherer Schriften zusammen.

Julian weigerte sich, die naturverändernde Wirkung der Ursünde zu akzeptieren. Glaube Augustinus allen Ernstes, fragte Julian nach, dass auf Erden erst nach dem Sündenfall Dornbüsche und Distelsträucher wuchsen? Seien urplötzlich Pflanzen hervorgetreten, die es zur Zeit der Schöpfung noch gar nicht gab? Julian hielt das für ausgemachten Unsinn. Gleiches gelte für die anderen Naturzerstörungen, die Augustinus wortreich kolportierte.

Nein, entgegnete Julian entschieden: Alles in der Natur sei Gottes Schöpfung von Anfang, und alles sei heute noch so, wie es ursprünglich Absicht war. Dass Adam und Eva nach ihrer Paradiesvertreibung Dornen und Disteln wahrnahmen und darunter litten, müsse allegorisch gedeutet werden. Menschen, die dem geistlichen Tod nahe stünden, würden die Natur um sie herum als fluchbeladen und leidvoll erleben. Symbolisch dafür stehe der »Acker« für den Mann und das »Gebären« bei der Frau. Diese allegorische Lesart kann nach Julian auf alle Naturerscheinungen angewendet werden. So wandle sich der angebliche Aufruhr in der Natur zu persönlichen Empfindungen, die vom geistlichen Zustand des Einzelnen abhingen.

Selbst der *Tod*, den Gott ausdrücklich als Lohn der Sünde angedroht hatte, dürfe nicht plump fleischlich verstanden werden. Tatsächlich seien ja Adam und Eva am »Leben« geblieben und erst im hohen Alter gestorben. Ihr *Sterben* nach dem Sündenfall wäre geistlicher und moralischer Natur gewesen. Vor einem solchen Tod des Geistes und der Seele stünden alle Menschen, wenn sie sich wie Adam anschicken, freiwillig zu sündigen. An der schweren Verwundung der Natur und auch des Menschen sei nichts, aber auch gar nichts dran. Das war Julians unmissverständliche Botschaft an den Afrikaner, wie er seinen Gegner in Hippo gerne nannte.

Als Augustinus die pelagianischen Einwände Julians las, geriet er außer sich. »Oh verabscheuungs- und verdammungswürdige Stimme!«, schleuderte er dem abgesetzten Bischof entgegen.[6] Wie könne er es wagen! Wenn er schon keine Augen für seine eigene Verderbtheit und für die Leiden in der Natur habe, solle er sich wenigstens das Los der Säuglinge und Kinder zu Herzen nehmen. Sehe Julian nicht ihr maßloses Leid! Was müssten diese Würmer nicht alles erdulden! Sie sind so hilflos an Verstand und Kraft, unfähig selbst zu leben. Sie können vor Zorn schäumen und sich wie Furien benehmen; sie sind unmäßig im Begehren, eifersüchtig und könnten schon richtig »böse« werden; dazu würden sie ungezählte Tränen heulen bis zu ihrer Reife und hätten viele Schmerzen durch harte Erziehung zu ertragen. Schließlich müssten sie auch allerlei Krankheiten, Missbildungen und Belästigungen von Dämonen erdulden, die denen von uns Erwachsenen nicht nachstünden.

Für Augustinus ist sonnenklar: »Wäre da nicht Sünde im Spiel... so würde der gerechte Gott in seiner Macht es nicht zulassen, dass sie an Leib und Seele Schaden leiden«. Julian fährt er an: »Sieh doch, wie deine ganze Irrlehre durch das Elend der neugeborenen Kinder Schiffbruch leidet«. Eindringlich beharrte Augustinus auf einer großen Schuldenlast der Menschheit, um die ausgleichende Gerechtigkeit zu wahren. Den Apostel Paulus zieht er als hypothetischen Bundesgenossen heran. Wäre Paulus gezwungen worden, seine These von der Ursünde zu beweisen, hätte er auch auf die maßlosen Leiden der Welt verwiesen, so Augustinus selbstsicher.[7]

Ohne Schuld, keine Strafe! Ohne Schuld, kein Leid! Das war Augustins zornige Replik an Julian und andere Pelagianer, die er als hirnverbrannte neue Irrlehrer schmähte. Selbst sehr wohlwollende Biographen des heiligen Augustinus gestehen ein, dass der Kirchenlehrer beim Streit mit Julian mehr als nur seine Contenance verloren hat. So bemerkt der amerikanische Kirchenhistoriker Peter Brown in seiner großen Lebensstudie: »Augustinus war ein hart gewordener Streiter. Seine Werke gegen Julian haben die kalte Kompetenz eines alten, müden Mannes, der nur zu gut wusste, wie man das raue Geschäft kirchlicher Kontroverse anzupacken hat. ... Um seine Leser so zu bewegen, zieht sich Augustinus auf fest ausgebaute Positionen zurück und appelliert an gefährlich primitive Schichten des Gefühls.«[8]

Dennoch, Augustinus hat den Finger in eine Wunde gelegt und jeden brutal gezwungen, genau hinzusehen. Die Wunde ist das Theodizeeproblem: Warum gibt es so unsägliche Leiden auf der Welt, wenn Gott gut und allmächtig ist? Augustinus quälte sich mit dieser Frage, und nur in seiner Erbsünden- bzw. Erbsündenfolgenlehre konnte er eine Lösung erblicken.

Das heißt: Am Anfang war es nicht so! Nach Gottes ursprünglichem Plan gab es in der Schöpfung kein Leid – durfte es kein Leid geben! Ich habe schon erwähnt, dass diese Grundposition von Augustinus zu einem tragenden Pfeiler in der kirchlichen Verkündigung wurde. Ohne Abstriche stand sie noch im so genannten »grünen Katechismus« der Deutschen Bischöfe von 1955. Dieser Katechismus war das Fundament jeder katholischen Religionsstunde und auch mein treuer Begleiter zum Auswendiglernen während eines Großteils meiner Schulzeit. Im neuen römischen Weltkatechismus von 1992 ist die »Früher-war-alles-gut-Formel« ebenfalls zu finden – zwar leicht gemildert, aber noch deutlich genug. Bei den protestantischen Kirchen gilt Ähnliches.

Ich halte eine solche Schöpfungsauffassung für falsch und in ihrer Wirkung für höchst problematisch. So sehr ich grundsätzlich Augustins Harmonie- und Gutheits-Argument schätze, so abschlägig beurteile ich seine These von der tief greifenden Naturverwundung. Auch wenn heutzutage der *Pelagianismus* immer noch ein hochgradiges Reizwort in der Kirche darstellt und es für Theologen nach wie vor gefährlich ist, sich ihm zu nähern, möchte ich Julian von Eclanum meine Sympathie bezeugen.

Der »Schöpfung-Sturz« hat weder einen Anker im biblischen Befund noch sehe ich, wie er das Theodizeeproblem wirklich lösen könnte. Der Hiobdichter ist mein erster Zeuge für die Verteidigung eines intakten Schöpfungsgewebes. Weitere Zeugen sind die Schöpfungserzähler im biblischen Buch Genesis, in dem sich auch die Paradieserzählung mit dem so genannten »Sündenfall« findet.

DAS PARADIES – SCHÖNE ALTE WELT?

Spreche ich in theologischen Kursen die Paradieserzählung an, kann ich Teilnehmern oft nur müdes Lächeln entlocken. Häufig schlägt mir abwehrendes Kopfschütteln und nicht bös gemeinter Spott entgegen. Manchmal fragt der eine oder andere ungläubig nach, ob ich diese märchenhafte Geschichte noch für bare Münze nehme. Meist werden wir aber rasch einig, wenn ich auf deren Symbolik verweise, die einen tieferen Sinn verfolgt. Für Augustinus und andere Theologen seiner Zeit war das Paradies, waren Adam und Eva, die friedfertigen Tiere, die listige Schlange, der Baum der Erkenntnis von »Gut und Böse« noch fraglos so real wie ihr eigenes Lebensumfeld. Doch leider sei diese paradiesische Welt dahin, verloren für immer durch die eigene Schuld des Hochmuts. Wie friedlich hätte die ganze Menschheit weiterleben können: keine Sorgen, keine Angst, kein Leid und vor allem kein Tod!

Diese naiv-historische Meinung von einem »goldenen Leben« im Paradies hielt sich wacker über Jahrhunderte bis in moderne Zeiten. Erst naturwissenschaftlichen Erkenntnissen und historisch-kritischer Bibellektüre gelang es, sie gründlich zu erschüttern. Gleichwohl lebt die süße Erinnerung an eine »heile Welt« in bibelfundamentalistischen Kreisen fröhlich weiter. Und nicht nur dort. Sie hält sich in der Volksfrömmigkeit ebenso wie in der kirchlichen Verkündigung – und zwar als freier Mix symbolischer und historischer Aussagen. Doch solches Hin und Her zwischen Metaphorik und naivem Realismus ist halbherzig. Es erweist der Paradieserzählung keinen Dienst und verdunkelt ihre Tiefendimension.

Die Ausleuchtung dieser Tiefe beschäftigt gleich ein ganzes Heer von Exegeten. Es gibt viele Ecken und Winkel in der Erzählung und bekanntlich steckt der Teufel im Detail: Welche Symbole tauchen wo in der Paradieserzählung auf? Was bedeuten sie im ursprünglichen Sinn, was nach der Absicht des Erzählers, und wie könnten wir sie heute buchstabieren? Welche Motive liegen offen im Text und welche verborgen? Sind in der Urgeschichte grundlegende und zeitlose Aussagen über den Menschen verarbeitet? Was lesen wir über unsere Beziehung zu Gott und unserem Geschick auf Erden? Allem voran: Gibt es eine Antwort auf die Frage, warum wir leiden müssen?

Eines ist sicher, es ging nicht um einen banalen Obstdiebstahl, salopp gesprochen um Apfelklau. Dieser »Apfel« übrigens ist das Ergebnis eines nachdenklichen Bibelkommentators aus dem Frühmittelalter. Ihm war aufgefallen, dass im Lateinischen für *Böses* und *Apfel* ein und dasselbe Wort gebraucht wird, nämlich *malum* – nur unterschiedlich betont. Das musste ein Wink Gottes sein. Seither wird der gemeine »Apfel« als ältestes Corpus delicti durch die Weltgeschichte gereicht.

So viele Facetten in der Paradieserzählung auftauchen, so zahlreich sind ihre Auslegungen. Ich möchte die Reihe hier nicht fortsetzen und keinen langen Marsch an der Seite Adam und Evas antreten. Mir liegt an Berührungspunkten zur Gott-Leid-Frage. Ich werde mich daher beschränken und Sie auf einige wichtige Beobachtungen in der Paradieserzählung hinweisen.

»Zur Zeit, als Gott, der Herr, Erde und Himmel machte, gab es auf der Erde noch keine Feldsträucher und wuchsen noch keine Feldpflanzen; ... und es gab noch keinen Menschen, der den Ackerboden bestellte; aber Feuchtigkeit stieg aus der Erde auf und tränkte die ganze Fläche des Ackerbodens. Da formte Gott, der Herr, den Menschen aus Erde vom Ackerboden und blies in seine Nase den Lebensatem. So wurde der Mensch zu einem lebendigen Wesen. Dann legte Gott, der Herr, in Eden, im Osten, einen Garten an und setzte dorthin den Menschen, den er geformt hatte. Gott, der Herr, ließ aus dem Ackerboden allerlei Bäume wachsen, verlockend anzusehen und mit köstlichen Früchten, in der Mitte des Gartens aber den Baum des Lebens und den Baum der Erkenntnis von Gut und Böse. ... Gott, der Herr, nahm also den Menschen und setzte ihn in den Garten von Eden, damit er ihn bebaue und hüte. Dann gebot Gott, der Herr, dem Menschen: Von allen Bäumen des Gartens darfst du essen, doch vom Baum der Erkenntnis von Gut und Böse darfst du nicht essen; denn sobald du davon isst, wirst du sterben.«

So weiß ein unbekannter Autor aus dem alten Israel zu erzählen. Kundige Bibelleser wissen, was an dramatischen Ereignissen folgt: die unheimliche Schlangenbegegnung am Baum, der verhängnisvolle Griff nach der verbotenen Frucht, die Vertreibung aus dem Paradies, der Brudermord an Abel, die Sintflut zu Zeiten Noachs und schließlich der Turmbau zu Babel (Gen 2,4b – 11,9). Diese gedrängte Urgeschichte der Menschheit zählt zu den ergreifendsten und tragischsten Kapiteln im Alten Testament.

Wer hat das mit welcher Absicht geschrieben? Mose kommt schon lange nicht mehr in Frage. Die knapp zehn Kapitel umfassende Urgeschichte ist Teil eines riesigen Gesamtentwurfes, in dem der Pentateuch (die fünf Bücher Mose) den größten Teil ausmacht. Daran haben vielen Hände und Köpfe viele Jahrhunderte gearbeitet. Die Forschung dazu ist verzwickt und diffizil. Selbst für Fachleute sind Detailfragen strapaziös zu lösen. Ich möchte Sie damit weder langweilen noch irritieren. Uns genügen hinreichend gesicherte Eckpunkte zur Paradiesepisode in Genesis 3.

Der größte Teil dieser Geschichte aller Geschichten stammt aus der Feder eines Theologen, von dem so gut wie nichts bekannt ist. Wegen seiner Vorliebe für den Gottesnamen *Jahwe* in seinem gesamten langen Erzählwerk wurde er kurzerhand *der Jahwist* getauft. Vielleicht hat er zur Zeit des prachtvoll regierenden Königs Salomo in Jerusalem gelebt, vielleicht auch gut hundert Jahre später. Aus irgendeinem Grund fing er an nach der Urgeschichte der Menschheit zu fahnden sowie über die Erwählung Israels nachzudenken bis zur Landnahme durch die Väter.

Fleißig stellte er mündliches Erzählgut zusammen und arbeitete es theologisch kunstvoll auf. Spätestens jetzt dürfte den Jahwisten ein Motiv geleitet haben, das den Nerv der Gott-Leid-Problematik anbohrt. Er stellte sich die Frage, warum wir Menschen so mühselig leben müssen? – warum wir so schwer miteinander auskommen? – warum es so viel Bosheit gibt? Und er fragte sich vor allem, warum wir ein gespaltenes Verhältnis zu Gott haben? – warum wir unserem Schöpfer und Lebensgrund misstrauen und uns sogar vor ihm ängstigen? Das sind Fragen, die die Theodizeethematik berühren. Der Jahwist suchte nach Antworten, so wie später der Hiobdichter und noch später Augustinus, Leibniz und all die anderen auf ähnliche und weitere Fragen.

Im Mythos der Paradieserzählung suchte und fand der Jahwist einen grundlegenden Lösungsansatz. Ich gebrauche hier mit Bedacht den Begriff *Mythos*. Nicht, um die Ereignisse im Paradies nebulös abzuwerten, sondern im Gegenteil, um einen tief greifenden Sinn mit ihnen verbinden zu können.

Traditionell wurden *Mythen* in der Theologie sehr abschätzig beurteilt. Schlimmstenfalls sah man in ihnen ein Sammelsurium wilder Fantasien heidnischer Irrungen und Wirrungen. Bestenfalls wurden sie achselzuckend als nette Geschichten zur Kenntnis genommen. Ihr »Wahrheitsgehalt« tendierte gegen null und ihr wissenschaftlicher Wert beschränkte sich auf die Religionshistorik fremder Kulturen. Mit der Paradieserzählung sollte der *Mythos* überhaupt nichts zu tun haben und auch der gesamten Urgeschichte bis Gen 11 vom Leib bleiben. Die Wahrheit der biblischen Offenbarung stand auf dem Spiel. Es dämmerte nur langsam, dass hier falsche Fronten aufgebaut und obendrein Scheingefechte ausgetragen wurden.

Die umfangreiche Mythenforschung brachte es an den Tag: Mythen enthalten eigene *Wahrheiten*! Diese sind den Aussagen anderer literarischer Formen ebenbürtig, auch den historischen Erzählungen, sogar den Berichten oder Dokumentationen. Die jeweiligen *Wahrheiten* sind nicht gleichartig, aber gleichwertig. In unserer stark rationalistisch orientierten Weltsicht fällt es schwer, die Wahrheit eines Mythos zu verstehen. Die fremde Ur-Zeit und der ebenso fremde Ur-Raum mythischer Erzählungen widerspricht dem objektivierten Raum-Zeit-Verständnis des modernen

Menschen. Mit der »objektiven« Folie erkennen wir aber nur die Oberfläche einer Welt, die aus Symbolen, Visionen und Traumfiguren besteht. Dann sträubt sich der gesunde Menschenverstand. Wirre Bilder, seltsame Akteure und chaotische Handlungsabläufe scheinen keinen Sinn zu geben. Doch der Sinn liegt unter der Oberfläche, in imaginären Zeiten und Räumen, wo eine transrationale Sprache zu Hause ist.

Die Quelle, aus der einzelne Mythen Bilder für ihre Botschaft schöpfen, sprudelt unaufhörlich. Entsprechend breit gefächert sind Anlässe und Antworten, um die Mythen ranken. Bestimmte Grundtypen sind in fast allen Kulturen anzutreffen. In vorderster Reihe stehen Götterkampf- und Schöpfungsmythen (Theogonien und Kosmogonien). Populäre Varianten aus dem alten Mesopotamien zum Beispiel standen Pate bei Formulierungen der Urgeschichte in Genesis.

Eine weitere wichtige Mythenkategorie beschäftigt sich mit dem Menschen, mit seiner Herkunft und seinem Schicksal, seinem Wesen, seiner Einheit oder seinen Brüchen. Hierzu gehört die Paradieserzählung. Es ist ein anthropologischer Mythos, der Grundfragen des Menschseins aufwirft. Allein das zieht die Erzählung weit über das Niveau eines historischen Berichts. Wäre die Geschichte Adam und Evas im Paradies tatsächlich nur eine Reminiszenz historischer Ereignisse, würde sie erheblich an Aussagekraft einbüßen. Eine Tiefendimension lässt sich aber ausloten, wenn sie als Mythos über Vertrauen und Angst, Schuld und Versagen, Gut und Böse gelesen wird.

Die Antwort der Paradieserzählung auf das rätselhaft-leidvolle Leben der Menschen wird auch *Ätiologie* genannt. Dieser griechische Ausdruck bezeichnet eine literarische Form, die dem Mythos sehr nahe steht und sich gerne mit ihm verbindet. Wer ätiologisch redet, will erklären, warum etwas so ist, wie es ist. Meist betrifft es Naturerscheinungen, Ortsnamen, Kult- oder Lebensweisen. Dann werden weit zurückliegende Ereignisse erzählt, die als »Ursache« gelten sollen – für alle Zeiten. Allerdings können und wollen Ätiologien nicht rational argumentieren. Wer sie dennoch wie eine Gebrauchsanweisung rückwärts liest, verpasst die menschliche Aussage hinter der äußeren Ursachenerklärung. Hier gibt es Berührungspunkte zum Mythos. Die Leidproblematik bietet sich geradezu an, ätiologisch aufgegriffen und mythisch verarbeitet zu werden. Dadurch gewinnt die Paradieserzählung an Dichte und Aktualität.

Der Metaphorik-Experte Paul Ricoeur weist dem Paradiesmythos drei Funktionen zu: a) Universalität, b) zeitliche Richtung und c) eine ontologische (= seinsmäßige) Ergründung.[9] Diese sind abgewandelt auch in anderen Mythen zu finden und stellen so etwas wie Essentials dieser Sprachform dar. Die Universalität ist das wichtigste Element. Sie besagt, dass die erzählten Ereignisse nicht einmalige Geschehen waren, die in Raum und Zeit genau lokalisiert und für bestimmte Akteure reserviert werden können. Vielmehr seien sie überall und zu jeder Zeit gültig: Was Adam und Eva betraf, ist das, was uns heute betrifft. Durch die zeitliche Richtung und seinsmäßige Ergründung spüre der Mythos schließlich einem Grundrätsel unseres Daseins nach und gieße den Sprung vom Zustand der Unschuld in den der Schuld in einen dramatischen Ablauf.

Damit kein Missverständnis entsteht. Nicht jeder Mythos hat uns heute noch etwas zu sagen. Oft wurde die Universalität auf bestimmte Zeiten bezogen und für bestimmte Situationen gesprochen. In anderen Zeiten verlieren sie ihr Passstück, auf das sie gemünzt waren. Viele Mythen erzählen auch von Göttern und Heroen aus uralten oder sehr fremd gewordenen Kulturen, die weit von unserer Glaubenstradition entfernt sind. Oder ... oder. Selbst wenn Mythen originell formuliert sind und gut in unsere Zeit transponiert werden können, bleiben sie nur Angebote. Es ist dem Einzelnen überlassen, wieweit er Deutungen akzeptiert, ablehnt oder als für ihn belanglos erachtet.

Auch die Paradieserzählung ist vielen Menschen fragwürdig, obwohl sie tief in der biblischen Tradition wurzelt – vielleicht auch deshalb. Aber sie ist ein zentraler Punkt unserer Glaubensverkündung. Ihre Wirkungsgeschichte hat Epochen beeinflusst und war federführend bei der Ausarbeitung theologischer Grundpositionen. Ihre Deutung unseres Daseins vor Gott und dem Leid ist fundamental für das Gesamtverständnis der Theodizeeproblematik.

WAS IST MIT DIESEM BAUM?

»Die Schlange war schlauer als alle Tiere des Feldes, die Gott, der Herr, gemacht hatte. Sie sagte zu der Frau: Hat Gott wirklich gesagt: Ihr dürft von keinem Baum des Gartens essen? Die Frau entgegnete der Schlange: Von den Früchten der Bäume im Garten dürfen wir essen; nur von den Früchten des Baumes, der in der Mitte des Gartens steht, hat Gott gesagt: Davon dürft ihr nicht essen, und daran dürft ihr nicht rühren, sonst werdet ihr sterben.

Darauf sagte die Schlange zur Frau: Nein, ihr werdet nicht sterben. Gott weiß vielmehr: Sobald ihr davon esst, gehen euch die Augen auf; ihr werdet wie Gott und erkennt Gut und Böse.

Da sah die Frau, dass es köstlich wäre, von dem Baum zu essen, dass der Baum eine Augenweide war und dazu verlockte, klug zu werden. Sie nahm von seinen Früchten und aß; sie gab auch ihrem Mann, der bei ihr war, und auch er aß. Da gingen beiden die Augen auf, und sie erkannten, dass sie nackt waren. Sie hefteten Feigenblätter zusammen und machten sich einen Schurz.« (Gen 3,1–7)

Um Himmels willen, was habt ihr getan! Unwillkürlich sind wir geneigt, den biblischen Stammeltern unser Unverständnis, unsere Entrüstung, ja Entsetzen entgegen zu schleudern. Hätten Eva nicht noch ein paar Argumente einfallen können? Hätte Adam nicht einschreiten und die Aktion unterbinden können? Oder hätten die beiden nicht schlicht und ergreifend standhaft bleiben können? War der Appetit dermaßen groß und die Verlockung so unwiderstehlich? Häufig höre ich in Diskussionsrunden, dass sich Gott den ganzen Schlamassel hätte ersparen können, wenn er diesen vermaledeiten Baum nicht ins Paradies gesetzt hätte. Und dann noch so auffällig, wie auf dem Präsentierteller! Wollte Gott es darauf anlegen? Wollte er einen übermenschlichen Gehorsamstest erzwingen? Obendrein habe er eine heimtückische Schlange ins Paradies geholt, die nur darauf lauerte, Gott und den Menschenkindern einen dicken Strich durch die Rechnung zu machen. Das musste ja schief gehen! Scharfzüngig meinte eine Kursteilnehmerin: »Im Grunde hat Gott ziemlich gemein und fahrlässig gehandelt.« Aus der Obenflächenstruktur der Paradiesepisode steigen solche Gedanken schnell auf und schwirren im Kopf herum. Doch der jahwistische Erzähler hat seine Botschaft unterhalb der Oberfläche verdichtet.

Wo liegt das Problem? War es ein eklatanter Fall von Gehorsamsverweigerung gegenüber Gott, wie es die kirchliche Tradition vorgibt? Eine erste und zugleich letzte Freiheitsprüfung, die kläglich endete? Sind die furchtbaren Konsequenzen damit erklärt? Ja, heißt es herkömmlich. Adam und Eva hätten weitaus größere Geisteskräfte besessen an Einsicht und Verantwortungsbewusstsein als alle Menschen danach. Den beiden hätte das Gebot Gottes glasklar vor Augen gestanden und ihr Schritt zum Ungehorsam käme dem legendären Fall der Engel nahe.

Der Griff zur Frucht eine Tat kosmischen Ausmaßes? Das isoliert die Stammeltern noch mehr von der *Menschheit* und lässt die Folgen, die uns alle schmerzlich betreffen, erst recht unverständlich erscheinen. Auch der Paradieserzählung sind solche Überlegungen fremd. Adam und Eva werden nicht über-menschlich beschrieben, eher im Gegenteil. Adam wurde von einer Krume des Erdbodens (adamah) genommen und so ist sein Name: adam, d. h. aus Erde! Exegeten sind sich einig, dass hier ein Gattungsname gebraucht wird für den Menschen an sich. Wir alle sind »adam«, auch Eva, die vom Erdboden-Adam genommen ist.

Aus mythischer Sicht wird das noch deutlicher. Der fiktive Adam im Paradies ist die symbolische Projektion des Menschen und wir Menschen sind die lebendigen Adame in der Geschichte. Die biblischen Stammeltern stehen an unserer Stelle. Ihr Handeln ist unser Handeln, ihr Schicksal, unser Schicksal. Diese Identität ist tragend zum Verständnis der Paradiesepisode. Ähnliches gilt für die Erzählelemente *Schlange* und *Baum der Erkenntnis*.

Seit die Schlange ihren mysteriösen Auftritt im Paradies hatte, gibt es Streit um sie. Was ist oder war das für ein Tier? Sprechend, klug, sehr klug, aber auch gerissen, falsch, hinterhältig und was noch alles.

Ist der *Satan* in die Schlange gefahren und hat sie als Verkleidung benutzt für seinen ultimativen Anschlag auf das Gottesprojekt »Mensch«? Der Verdacht liegt nahe. Doch vom Satan ist nirgendwo die Rede, weder vorher noch nachher. Anders als in der alten Hiobzählung spielt er im Paradiesdrama keine Rolle. Auch war zu Zeiten des Jahwisten die Figur des Satans, der vor Gott anklagt, noch unbekannt – ganz zu schweigen vom Satan als den »Teufel« schlechthin. So fordert die wissenschaftliche Exegese schon länger: Die Paradiesschlange muss ohne den Satan oder Teufel verstanden werden.

Aber wer oder was war die Schlange? Einzelne Vorschläge, in ihr die Gestalt des kanaanäischen Fruchtbarkeitsgottes *Baal* zu sehen oder die ägyptische Kobragöttin oder ein urzeitlich-antigöttliches Chaostier, sind nur schwach begründbar. Der Alttestamentler Claus Westermann hält solchen Deutungen zu recht entgegen, dass der Jahwist ausdrücklich von der Erschaffung der Schlange durch Gott spricht.[10] Sie ist ein Geschöpf wie die anderen Tiere, nichts Göttliches haftet ihr an. Sie kommt auch nicht von außerhalb und nistet sich im Paradies als Konkurrenzmacht ein.

Nein, die Schlange gehört von vornherein zum Paradies. Als Teil der Schöpfungsausstattung deckt sie einen wichtigen Bereich ab. Die Frage ist nur, ob die Schlange eine unabhängige »Kraft« darstellt oder zum Menschen selbst gehört.

Aufschluss gibt die Erzählsymbolik des Paradiesmythos mitsamt des Fluches über die Schlange und vor allem ihr spurloses Verschwinden nach dem einmaligen Auftritt. Tatsächlich hat sich nie wieder die Schlange auch nur an einen Menschen herangepirscht und ihn zu einer Gebotsübertretung angestachelt. Dagegen werden vom Jahwisten und anderen biblischen Autoren jede Menge Boshaftigkeiten erzählt, die aus dem Menschen selbst kommen, direkt aus dem Herzen, aus eigener Entscheidung. Letztlich spricht alles dafür, in der ominösen Schlange die Verkörperung einer Kraft oder Eigenschaft in Adam, Eva und allen Menschen zu sehen. Das ist keine neumodische Ansicht, sondern mindestens so alt wie die vage Satansvermutung – Stichwort: allegorische Bibelauslegung. Wie die innere Schlangenkraft im Menschen genau zu verstehen ist, zeigt der weitere Erzählverlauf.

Im Mittelpunkt der dramatischen Ereignisse steht die Versuchung am Baum. Die Szene ist geschickt konstruiert und gilt als

Beispiel höchster hebräischer Erzählkunst. Ob Gott wirklich gesagt habe, dass sie von keinem Baum des Gartens essen dürfen, will die listige Schlange von der Frau wissen. Diese scheinbar harmlose Nachfrage ist eine dreiste Lüge, verpackt als rhetorische Fangfrage. Eva pariert sofort. Sie entlarvt die perfide Unterstellung und hält der Schlange die wahren Verhältnisse im Paradies vor Augen. Der Lebensraum im Garten ist üppig ausgestattet.

Zur Erinnerung: Ein großer Strom mit vier Hauptarmen bewässert Eden, einen Garten, in dem »allerlei Bäume wachsen, verlockend anzusehen und mit köstlichen Früchten...« (Gen 2,9). Wasser/Flüsse, Bäume und deren Ertrag sind seit jeher Symbole für die Fruchtbarkeit und den Reichtum der Erde schlechthin. Wer Bäume besitzt oder nutzen darf, dazu noch am Wasser, gilt als »reicher« Mensch. Von allen Bäumen dürfen Adam und Eva leben, nur dieser eine, inmitten des Gartens, ist tabu. Die Frau wiederholt der Schlange die Drohung Gottes, ansonsten sterben zu müssen.

Was jetzt folgt wird schlicht beschrieben, aber geheimnisvoll umschleiert: die Verführung und der Sündenfall. Genau besehen hat die Anstiftung zum verbotenen Griff schon begonnen als die Schlange Eva arglos-raffiniert beim Wickel nahm. Jetzt packt die Schlange fester zu. Was Gott angedroht habe, sei eine Finte. Mitnichten würden die beiden sterben, vielmehr könnten sie wie Gott werden – Gut und Böse erkennen! Das wisse Gott ganz genau und daher habe er dieses Tabugebot derart drakonisch eingeschärft. Viele Kommentatoren dieser Stelle sehen nichts Falsches an der Prophezeiung der Schlange, auch wenn sie die Verleitung zum Ungehorsam selbstredend brandmarken. Adam und Eva seien tatsächlich die Augen aufgegangen und tot umgefallen wären sie auch nicht. Dieser Schluss liegt nahe, doch er vernachlässigt Entscheidendes: den symbolischen Gehalt des mysteriösen Erkenntnisbaums.

Neben Lebensreichtum stehen besonders heilige oder »auserwählte« Bäume auch für eine Verbindung von der Erde zum Himmel. Denn so tief und breit sie in der Erde wurzeln, so hoch und weit recken sie ihre Zweige gen Himmel. Zeichenhaft repräsentiert der heilige Baum eine göttliche Linie, die von unten nach oben weist oder umgekehrt. Insofern ist er nach Elisabeth

Moltmann-Wendel »auch ein Symbol für die Einheit von Immanenz und Tranzendenz«.[11] Im Paradiesmythos steht der auserwählte Baum in der Mitte des Gartens und birgt die göttliche Erkenntnis von *gut und böse*. Eine pralle Symbolik!

Was genau meint »gut und böse«? Was haben Adam und Eva denn »erkannt«, als sie die verbotene Frucht aßen? Wer in einschlägigen Kommentaren blättert, kann sich einen bunten Meinungsstrauß zusammenstellen. Geht es um die sittliche Erkenntnis über Recht und Unrecht? – oder um die Einsicht, dass Ungehorsam bzw. Gehorsam bestimmte Folgen haben? Zielt das Erkennen auf die Allwissenheit oder auf die Fähigkeit, irgendwann einmal solche erwerben zu können? Oder dreht es sich um gestohlene Geheimnisse über magische Kräfte, Riten etc.? Öffnet das Erkennen den Blick für Sexualität und Geschlechtlichkeit? – oder dafür, selber Leben zeugen und gebären zu können? Wird umfassende Einsicht erworben in all das, was dem Leben förderlich, was abträglich ist, was nützt, was schadet? Oder umschreibt das Erkennen die Grenze des Menschen, die Gott mit seinen Geboten und der Schöpfung gesetzt hat?

Vorab ist eines klar: Das Wissen um Gut und Böse wird als »göttliche« Fähigkeit beschrieben, um die Adam und Eva tunlichst einen Bogen machen sollen. Warum? Unser landläufiges Verständnis von *gut und böse* kann nicht gemeint sein, denn Adam und Eva wissen sehr wohl, was das Verbot Gottes bedeutet und wie sie sich verhalten sollen. Sie haben schon vor dem verhängnisvollen Biss Einsicht in Recht und Unrecht. Das wird von der Forschung auch weithin anerkannt. Was sie aber nicht haben, ist die Sicht Gottes auf die Schöpfung und seine autonome Macht, Gut und Böse zu unterscheiden.

Adam und Eva wollen wie Gott werden und greifen nach dieser Sicht. Sie maßen sich eine Autonomie an, die ihnen weder zusteht noch je möglich ist. Der Grund liegt in der erdhaften Hinfälligkeit der beiden. Sie sind Geschöpfe und damit begrenzt. Sie hängen vom Schöpfer ab, der ihnen Lebensraum und vertrauende Nähe schenkt. Durch den Griff zur Erkenntnisfrucht versuchen sie diese Abhängigkeit zu annullieren. Manche Exegeten lesen sogar eine atheistische Auflehnung heraus. Die Schlange hätte Adam und Eva aufgefordert, ihr Leben ohne Gott zu meistern. Sie sollten erkennen, dass kein Gott mehr über ihnen stehe. Solche Überlegungen stoßen zwar über das Ziel hinaus, denn von echter Gottesleugnung sind Adam und Eva weit entfernt, aber das Anliegen der Gottesabkehr ist zentral für das Ereignis am Paradiesbaum. Dort haben Adam und Eva eine Lebensentscheidung getroffen, die Gott wie einen Konkurrenten behandelt, der keine Chance hat. Er wird überrundet und zugleich disqualifiziert. Doch bei dieser scheinbar cleveren und vermessenen Aktion haben sich Adam und Eva selbst ein Bein gestellt. Sie stolpern gefährlich.

Anfangs gibt der Jahwist darüber nur spärlich Auskunft. Die Augen seien dem Paar aufgegangen und ihre Nacktheit hätten sie schamhaft bemerkt. Ist das alles? Nein! Die Erkenntnis des Nacktseins ist erste und wichtigste Chiffre eines umfassenderen Bruchs. Die Bruchlinie durchzieht das Selbstverständnis des Menschen, sein Verhältnis zu sich, zum anderen und vor allem zu Gott. Im Lauf der Urgesichte bis Gen 11 wird der Jahwist noch sehr deutlich.

Bei Adam und Eva sieht es so aus, dass sie von Schuld, Scham und Angst geschüttelt werden. Als sie Gott gegen den Tagwind einherschreiten hören, bekommt die Szenerie gespenstische Züge. Die beiden verstecken sich vor ihrem Schöpfer, dem sie eben noch vertrauensvoll zugetan waren.

SPIEGELBILD ADAM UND EVA

Gott weiß, wo die beiden kauern, und er ruft Adam zu: »Wo bist du?« (in Gen 3,9), was so viel heißt wie: Was machst du denn da unter dem Baum? Verlegen erwiderte Adam: »Ich habe dich im Garten kommen hören; da geriet ich in Furcht, weil ich nackt bin und versteckte mich.« (3,10) Ist das eine reine Schutzbehauptung? – ein platter Versuch, Gott abzulenken? Wohl nur zum Teil. Adam fürchtet sich, weil er das Verbot übertrat; er fürchtet sich aber auch, nackt vor Gott treten zu müssen. Der Erzählverlauf lässt diesen Schluss zu. Obwohl die neue Scham vor Gott absonderlich erscheint, ist sie ein zentraler Teil der Verwerfung in Adams und Evas Selbstbild.

Sich-schämen steht für ungeschützte Blöße, die verletzt wurde. In der Regel bezieht sich die Blöße auf einen »Zustand«, der wie selbstverständlich zu uns gehört. Die Paradieserzählung spricht die stärkste Form an: die leibliche Schöpfungsnatur. Das ist Menschsein pur. Der Zustand kann aber auch eine verinnerlichte Rolle sein oder ein Status, eine Hautfarbe, Geschlecht, Aussehen, eine Charaktereigenschaft oder Fähigkeit u. ä. Vorausgesetzt, wir identifizieren uns damit und bauen es in unser Selbstbild ein – meist in das Idealselbst (Ich-Ideal). Eklatantes Versagen verwundet dieses (Ideal-)Bild schmerzhaft. Schamgefühle steigen auf und lösen nagende Selbstzweifel aus. Am liebsten würden wir uns dann unsichtbar machen oder sprichwörtlich in den Erdboden versinken. Adam und Eva haben ihre gegenseitige Entblößung durch das berühmte Feigenblatt notdürftig kaschiert und ihre Blöße vor Gott mit spontanem Verstecken unter dem nächstbesten Baum quittiert.

Hand in Hand mit Scham geht das Schuldgefühl einher. Psychodynamisch entspringt es dem Spannungsbogen zwischen dem Ich und den Werten und Normen im Über-Ich. Verletzen wir akzeptierte Regeln, stellen sich Schuldgefühle ein. Je nachdem wie stark das eigene Selbstbild davon betroffen ist, gesellt sich Scham dazu. Rasch entwickeln sich dann so genannte Scham-Schuld-Zyklen, die an Eigendynamik gewinnen und Beziehungen sehr destruktiv aushöhlen. Paar- und Familientherapeuten können ein vielstrophiges Lied darüber singen. Schließlich ist auch die *Angst* überall präsent. Sie legt sich wie ein Saum um Scham- und Schuldgefühle. Wir schämen uns aus Angst und wir ängstigen uns vor der Scham; das gleiche gilt für die Schuld. In Situationen, wo wir erheblich gefehlt und versagt haben, ist Angst gratis. Dann durchdringen sich Angst, Scham und Schuld mit osmotischer Kraft zu einem giftigen Gebräu, das die Selbst- und Fremdwahrnehmung gefährlich verätzt und auch dauerhaft schädigen kann.

Ein Musterbeispiel bietet die Sündenfallerzählung. Adam und Eva haben sich in Schuld- und Schamangst verstrickt, die sie wie in einem Kreisel gefangen halten. Die Erkenntnis von Gut und Böse öffnet den Blick auf das eigene Versagen in seiner ganzen Tragweite. Die beiden fühlen sich verloren in einer vertrauten

Umgebung, sie empfinden schmerzlich ihre seelische Nacktheit voreinander und sie grauen sich noch mehr vor ihrem Schöpfer, dessen Schritte wie das Dröhnen heraufziehenden Unheils in ihren Ohren hämmert.

Der Verhördialog zwischen Gott und den beiden spricht Bände. Er ist so tragisch wie amüsant, so selbstgefällig, wie aufschlussreich.

Rhetorisch fragt Gott Adam, woher er denn um seine Nacktheit wisse, ob er etwa vom verbotenen Baum gegessen habe? »Adam antwortete: Die Frau, die du mir beigesellt hast, sie hat mir von dem Baum gegeben, und so habe ich gegessen. Gott, der Herr, sprach zu der Frau: Was hast du da getan? Die Frau antwortete: Die Schlange hat mich verführt, und so habe ich gegessen.« (Gen 3,12 f) Keiner der beiden will seine Schuld und sein Versagen eingestehen. Der distanzierte Ton, mit dem Adam seine Frau verantwortlich macht, ist geradezu unverfroren. Nicht weniger dreist war und ist die Verurteilung Evas als die Hauptschuldige, als die große Verführerin in Teilen der christlichen Tradition. Mir reicht hier der Hinweis auf die vielen peinlichen Versuche, Eva und allen Frauen eine Affinität zum Teufel und seinen Einflüsterungen nachzusagen. Aus der Paradieserzählung kann das nur fantasiehaft heraus gelesen werden.

In Seminaren erlaube ich mir öfters den scherzhaft klingenden, aber ernst gemeinten Wink, dass Adam regelrecht als Pantoffelheld, ja wie ein Trottel dargestellt wird. Und wenn die Teilnehmer mit dem Finger jeden Vers verfolgen, staunen sie über ihre Entdeckungen. Eva ist die kommunikative, die starke und auch risikobereite Person! Sie diskutiert mit der Schlange, sie gibt Widerrede und stellt eine perfide Verdrehung der Verhältnisse im Paradies klar. Erst bei der Aussicht auf folgenlose Klugheit gibt sie nach und greift nach der Frucht. Sie bleibt auch jetzt aktiv. Genauso gut hätte sie Adam fragen und ihm demütig die Entscheidung überlassen können. Stattdessen heißt es in der Bibel lapidar, dass sie ihrem Mann von der Frucht gab und er aß.

Was war mit Adam los? Wo war er überhaupt als seine Frau *die* Entscheidung ihres Lebens fällte? Laut jahwistischem Erzähler stand er unmittelbar bei ihr, zumindest war er lokal in ihrer Nähe. Doch als Person war er unsichtbar. Die Szene wirkt bizarr, beinah verstörend: Adam, der Mann, ist abwesend anwesend. In einer Grenzsituation par excellence lässt er seine Frau völlig allein mit sich und der Schlange. Auch nachdem Eva gegessen hatte und davon abgab, bleibt Adam wie gelähmt. Kein Wort des Entsetzens, kein Laut der Missbilligung, kein: Wie kannst du bloß? – oder Ähnliches. Adam nimmt Eva auch nicht bei Seite und spricht mit ihr über ihre Entscheidung und die gereichte Frucht. Adam fügt sich stumm! Von Verführen oder Bezirzen ist nirgendwo die Rede.

Nur Eva beklagt sich über eine Verführung durch die Schlange. Doch dazu gehören wenigstens zwei. Eva verleugnet ihren Anteil und wälzt alle Verantwortung ab. Die Schlange hatte sie weder bedrängt noch ihr gedroht. Letztlich griff Eva aus eigenem Antrieb und Entschluss zu.

Der menschelnde Fingerzeig auf den jeweils anderen endet bei der Schlange. Auf wen kann sie ihre Last abschieben? Sie schweigt. Nicht ohne Grund, heißt es in der kirchlichen Verkündigung. In ihr hätte nämlich der Teufel höchstpersönlich Platz ergriffen, um Tod und Verderben über die Menschen zu bringen. Erinnert sei, was ich schon zur Chiffre der Schlangenfigur und zur Frage der internen oder externen Kraft gesagt habe.

Es ist sehr plausibel, die Schlange als Sinnbild einer geschöpflichen Fähigkeit Adam und Evas zu sehen, die eng mit dem Baum der Erkenntnis von Gut und Böse zusammenhängt. Beide Erzählelemente öffnen erst auf der Symbolebene ihre Tiefenbedeutung. Die Schlange und der Baum beschreiben keine objektive Realität außerhalb des Menschen. Vielmehr spiegeln sie Aspekte der Persönlichkeit, die zum Kern des Menschseins gehören. Modern und psychologisch ausgedrückt handelt es sich um eine projektive Verkörperung seelischer und geistiger Vorgänge.

Der anthropologische Paradiesmythos entfaltet hier seine ganze Kunst. Schonungslos, aber mit Fingerspitzengefühl erzählt er von menschlicher Hybris und Schwäche. Es ist unsere Hybris und Schwäche. Adam und Eva spiegeln sie in ihrer Rolle als zeitlose und universale Urtypen. Ihre Versuchung am Baum ist unsere Versuchung, ihr Versagen, ihre Schuld, Scham, Angst und ihr krampfhafter Versuch, sich rein zu waschen, wiederholen wir wie in einer endlos laufenden Tretmühle.

Aus der Perspektive der verdichteten und projektiven Sprache des Paradiesmythos lassen sich auch leicht die Strafsprüche über Adam, Eva und die Schlange verstehen.

Die Schlange trifft es zuerst und am heftigsten. Sie wird verflucht, auf dem Bauch muss sie fortan kriechen und Staub fressen. Dazu wird es eine Feindschaft geben mit der Frau und ihrem Nachwuchs. Gegenseitig werden sich Schlangen und Menschen verwunden oder töten (Gen 3,14 f). Um es gleich deutlich zu machen: Der zweite Teil dieser Stelle (Vers 15) spricht nicht von *Maria* als eschatologische Schlangenzertreterin und auch nicht von *Jesus* als dem zukünftigen messianischen Teufelsbesieger. Diese alte Auslegung hat weder im Detail noch im Kontext einen Anhalt. Alttestamentliche Exegeten sind darüber weitgehend einig. Die *Frau* im Text steht für die »Mutter« aller nachgeborenen Menschen und ihr *Same* meint eben diese Nachkömmlinge.

Das heißt, Menschenkinder und Schlangen werden Feinde bleiben. Inwiefern? Schlangenliebhaber seien beruhigt, denn biologisch lassen wir die Tiere außer Acht und heben stattdessen auf den Symbolgehalt der Aussage ab. Sie ist unschwer greifbar. In der Schlange haben wir eine innere Geisteskraft Adam und Evas gesehen, die verführerisch, misstrauisch gegen Gott, selbstherrlich und im weiteren Sinn boshaft rumort. Der neue ernüchternde Blick auf *Gut und Böse* ist für die beiden ein Blick in den Abgrund. Dorthin ist die einflüsternde Stimme zum Bösen verbannt. Dort kriecht sie in Winkeln und Höhlen herum, lauernd auf ihre Chance, gehört und erhört zu werden. Zeitlebens werden Adam und Eva mit dieser tückischen Schlangenkraft leben und kämpfen müssen. Da sie das Geschick aller Menschen verdichten, ist die Paradiesschlange auch unsere Schlange. Sie gehört zu uns wie zu den Stammeltern. Mit dieser heimlichen Stimme aus der Tiefe müssen wir leben. Positiv formuliert kann man von einem Auftrag des Menschen sprechen: mit dem Bösen keine Freundschaft zu schließen und wachsam zu sein gegenüber dem eigenen Potenzial zum Bösen.

Der Abgrund in jedem Menschen verdunkelt auch die Sicht auf die gute Schöpfung Gottes. Als Adam und Eva keinen Gott mehr an ihrer Seite haben wollten, wandelte sich ihr Blick auf das paradiesische Leben. Was eben noch lichtvoll, bergend und leicht erschien, flackert nun im düsteren Zwielicht, kummervoll und lastenreich.

Beispielhaft wählte der Jahwist für Adam den *Acker* und die *Arbeit* darauf aus und für Eva *Schwangerschaft/Geburt* und Adams *Herrschaft* über sie. Dornen und Disteln wachsen auf einem verfluchten Ackerboden, der Adam Mühsal und Schweiß abverlangt, solange er lebt. Mühsal und Schmerzen erleidet auch Eva bei der Mutterschaft. Und die Herrschaft Adams über sie ist eine Plage für sich. Schließlich trifft beide gleichermaßen die Hauptstrafe: der Tod.

Abgesehen vom Tod war den beiden nicht klar, was sie erwartet. Und jetzt das! Hat Gott unverhältnismäßig zugelangt?

Sicher nicht, denn die Strafen stehen zeichenhaft für eine gottferne und angstvolle Wahrnehmung der Lebenswelt. Ein naturverändernder Fluch, der jeden Menschen trifft, war selbst zu Zeiten des Jahwisten eine unhaltbare Vorstellung. Auch schon damals gab es genügend Volksgenossen aller Sorten, die wussten, wie man andere für sich arbeiten lassen konnte, wie man ziemlich bequem über die Runden kam. Die »Ackerlast« berührte sie nicht; ja sie war sogar vorteilhaft, da Sklaven und Schuldknechte dazu gezwungen werden konnten. Hebammen hatten ebenfalls schon Möglichkeiten, Schwangerschaft und Geburt wesentlich erträglicher zu machen. Zuvorderst für hohe und begüterte Damen versteht sich. Sollte etwa für Fürsten, Reiche und Schlawiner der Fluch Gottes zur Lebensmühsal und Schweiß bis zur Rückkehr in den Staub nicht gelten? Hing der Fluch etwa von Hebammenkunst und Arzt, von Stand und Geld ab? Der Jahwist konnte das seinem Publikum nicht auf die Nase binden.

In der späteren rabbinischen Interpretation zur Sünde Adams und deren Folgen ist auch deutlich Widerstand gegen eine Lebensstrafe für alle Menschen zu lesen. Selbst das *Sterben* ist davon nicht ausgenommen. Häufig wird unterschieden zwischen einem eschatologischen Tod (endgültiger Sündentod) und der natürlichen Vergänglichkeit, die man Staub-Tod nennen könnte. Die freie Tat Adams sei seine ureigene Sache gewesen, die er selbst ausbaden musste. Genauso verhalte es sich mit den

Taten jedes einzelnen Menschen. Sie müssen allein vor Gott verantwortet werden und die Folgen sind persönlich zu tragen.

In der kirchlichen Überlieferung hat sich der Verlust des Paradieses mitsamt den üblen Folgen wesentlich tiefer und drastischer eingegraben. Ich erinnere an Augustinus und an seinen hitzigen Streit mit Julian um die Konsequenzen aus dem Sündenfall. Auch an dieser Stelle möchte ich die sünden- und gnadentheologische Seite der Erbsündenlehre nicht weiter verfolgen. Ihr einst breiter Strom ist längst in zahlreiche Seitenarme zerflossen. Wer sich aufmacht, das Terrain zu erkunden, muss sich auf Untiefen, Strudel und verwachsene Ufer einstellen. Ich möchte nur auf die »praktische« Seite, auf die Lebensfolgen hinweisen.

Unverdrossen hat die kirchliche Katechese eine Auffassung konserviert, die heute vielen gläubigen Menschen unverständlich, ja ausgesprochen seltsam anmutet. Es geht um den Verlust der so genannten pränaturalen Gaben bei Adam, Eva und damit bei dem gesamten Menschengeschlecht. *Pränatural* heißt, dass der Mensch ursprünglich mit außergewöhnlichen, genau: »übernatürlichen« Fähigkeiten ausgestattet war. Danach wären Adam und Eva in ihrem ganzen Wesen »heil und geordnet« gewesen und sie hätten »weder sterben noch leiden« müssen.[12] Dieses umfassende Heilsein drückte sich in einer dreifachen Harmonie aus: dem Einklang mit sich selbst, dem Einklang untereinander und dem Einklang mit der Schöpfung. So wären unsere Stammeltern von allen Begierden nach Sinnenlust oder Gütern verschont geblieben, keine Neigung zu unvernünftigem Denken oder Handeln hätte sie geplagt, kein Schatten eines Zerwürfnisses wäre zwischen sie gefallen und jeglicher Schöpfungsjammer sei ihnen fremd gewesen. Vor allem aber hätte in Adam und Eva nicht jener tragische Sog zum Bösen gebrodelt, der uns Menschen so quäle. Diese so genannte Konkupiszenz gilt als eine der unheilvollsten Übel, die uns der Sündenfall bescherte.

Zu paradiesischer Zeit hätte kein Stäubchen von diesen Schwächen, Mängeln und Bürden am Menschen gehaftet. Die Schöpfungsnatur Adam und Evas strahlte rein und kraftvoll. Theologisch spricht man vom »Geschenk der Integrität«. Die übernatürliche Integrität wäre den Stammeltern und allen nachfolgenden Menschen erhalten geblieben, hätten, ja hätten die beiden am Baum die Finger von den Früchten gelassen.

Hier liegt des Pudels Kern zur Leidfrage aus der Sicht der Paradieserzählung: Müssen wir leiden, weil unsere Stammeltern ihren ursprünglichen Schöpfungszustand verloren haben? – weil ihre umfassende Harmonie zu Bruch gegangen ist? Hielt erst nach dem Sündenfall das LEID Einzug in die Schöpfung?

Alles, was wir bislang zur offenen und verdeckten Symbolik der Paradieserzählung überlegt haben, spricht dagegen. Abgesehen davon lässt die Naturgeschichte des Menschen keinen übernatürlichen Sonderstatus zu Beginn der Menschwerdung zu. An der Evolutionsforschung kann die Theologie längst nicht mehr vorbei argumentieren. Daher vermeiden selbst Theologen, die sich der pränaturalen Gaben-Lehre noch verpflichtet wissen, zunehmend ein allzu biologistisches Verständnis. Solange jedoch die paradiesische und nach-paradiesische Epoche in irgendeiner Weise historisiert und mit einer Art Super-Menschenschöpfung verbunden wird, zerschellen Verständnisbemühungen an den eigenen Vorgaben.

Der Sündenfallmythos räumt gründlich mit einer Illusion auf. Es ist die Illusion, dass uns Menschen ein doppelter Naturzustand eigen ist, genau genommen, zu eigen war: Einen, den wir widrigerweise verloren hätten, einen anderen, der uns zur Strafe aufgebürdet wurde. Die Paradieserzählung kennt nur eine Schöpfung, und zu dieser Schöpfung gehört von vornherein die listige Schlange und die sittliche Freiheit Adams und Evas mit der Einsicht in Recht und Unrecht. Dazu gehört auch die Verführbarkeit, die Fähigkeit, Vorgegebenes in Frage zu stellen, sich aufzulehnen und Gott bei Seite zu schieben. Im Paradies ist Schuld und Bosheit genauso virulent wie in der Welt »danach«. Doch es ist letztlich eine Welt und eine Menschheit. Wir können sie aber doppelt wahrnehmen: mit den Augen des vertrauenden Herzens oder mit den Augen der Scham und Angst.

So groß das Geschenk der einen Schöpfung ist, so herausfordernd ist unsere Aufgabe, in ihr und mit ihr zu leben. Wie schwer es dem Geschöpf MENSCH fällt, hat der Jahwist punktgenau und schmerzhaft beleuchtet.

Im Zentrum steht der Bruch der heilen Gottesbeziehung. Es ist *der* Angelpunkt der Paradieserzählung. Dem Jahwisten dient er als Rotationsachse für seine weitere urzeitliche Menschheitsgeschichte bis zum Turmbau zu Babel. Er wird diese Geschichte als Unheilsgeschichte schreiben. Die Geschichte Gottes mit dem Menschen endet jedoch nicht am flammenbewachten Paradiestor. Der jahwistische Erzähler nimmt Gott mit hinaus in die menschliche Welt der Angst und Schuld, der Zweifel und Verzweiflung, des Elends und der Gewalt. Gott wird dem Menschen nachgehen, ihn an seine Gegenwart erinnern und »Erlösung« anbieten.

Doch schon dem Jahwisten und späteren Schreibern biblischer Texte war klar: Die Geschichte Gottes mit den Menschen ist einfach und heilsam, aber die Geschichte der Menschen mit ihrem Gott ist kompliziert und eine Quelle von Unheil. Viele Bücher der Bibel sprudeln über vor Beispielen. Unser Hiobdrama gehört auch dazu, und zwar in vorderster Reihe.

Es sind tief sitzende und letzte Fragen, die immer wieder gestellt werden: Was heißt, Gott ist der Schöpfer und Lenker der Welt? Welche Rolle spielen wir Menschen hier auf Erden? Was ist die SCHÖPFUNG überhaupt und was der Mensch? Läuft alles »nach Plan«? Worin besteht dieser Plan? Können wir Menschen diesen Plan erkennen und »stören«? Wäre das eine oder *die* Ursache für unsere Leiden?

Eines gilt vorweg. Jeder Lichtschein auf die Schöpfung, auf den Menschen, die Welt und das Universum hilft uns klarer sehen, wohin wir treten, wo wir laufen und in welche Richtung es geht. Der eine oder andere Lichtstrahl wird auch Wegmarken erhellen, die darauf hinweisen, warum wir hier gehen müssen oder besser: gehen dürfen. Ob sich dieser Weg einsam durch die Zeit schlängelt und zufällig irgendwo endet – wenn überhaupt – oder ob er den Linien einer tragenden und Vertrauen stiftenden Hand folgt, wird die wichtigste Frage dabei sein.

Die Schöpfung –
Einspruch und Zuspruch

WIE STARK IST DER WIDERSINN?

»Falls es einen Gott gibt, der besondere Pläne mit den Menschen hat, dann hat dieser sich wirklich große Mühe gegeben, sein Interesse an uns nicht sichtbar werden zu lassen.« Diesen harten Tritt gegen das Schienbein der biblischen und kirchlichen Schöpfungsverkündung stammt von Steven Weinberg, amerikanischer Nobelpreisträger und Astrophysiker. Ich habe Sie mit diesem Zitat schon im Prolog unvermittelt überfallen und Sie gleich wieder damit allein gelassen. Jetzt sitzt uns die tiefgründige Hiobklage und seine Fortführung bis heute in den Knochen. Das erhöht den Schmerz, den der ironische Seufzer über Gottes seltsame Pläne auslöst. Denn die ganze Theodizeeproblematik wölbt sich drohend im Hintergrund. Weinberg spürt das und verweist im Zusammenhang seines bissigen Gedankens ausdrücklich auf die Theodizee.

Für Weinberg ist Gottes Teilnahmslosigkeit am Geschick und Tun der Menschen offensichtlich. Einen persönlichen Gott, der auf alles ein wachsames Auge habe, lasse diese Welt, lasse dieses Universum nicht zu. Weit und breit gäbe es keine Anzeichen eines großen Plans und schon gar nicht eines Plans, in dem der *Mensch* eine besondere Rolle einnehme. Das ist der Preis für die Erforschung des Kosmos. Jedes Quäntchen Wissen mehr über die Naturgesetze raube uns ein Stückchen Illusion von einer durchdachten und sinnbergenden Schöpfung. Weinberg sieht einen Kosmos, der den Menschen fröstelt, der kalt, leer und vor allem ziellos ist. Konsequent schrieb er am Ende seines Weltbestsellers *Die ersten drei Minuten* den provozierenden Satz: »Je begreiflicher uns das Universum wird, umso sinnloser erscheint es auch.«[1] Ein elektrisierendes Wort. Es verwirrt den laienhaften Leser und spaltet die Riege der Experten.

Viele Fachkollegen stimmten und stimmen dem streitbaren Nobelpreisträger aus Texas zu. So kommentierte der Princeton-

Astrophysiker Jim Peebles lapidar: »Ich glaube gern, dass wir einfach Treibgut sind.« Und die Harvard-Astronomin Margret Geller räsonierte: »Warum sollte es einen Sinn haben? Was für einen Sinn? Es ist schlicht und einfach ein physikalisches System. Wo soll da der Sinn liegen?«[2]

Was Weinberg und einige seiner Kollegen skeptisch bis vernichtend anmerken, ist keine Sondermeinung entnervter Kosmologen, die der penetranten Fragerei nach Gott und Sinn in ihren Formeln überdrüssig wurden. Auch von Wissenschaftlern anderer Richtung kommen ähnlich scharfe Töne.

Der einflussreiche religionskritische Philosoph des 20. Jahrhunderts, Bertrand Russel, betonte angriffslustig: »Die Welt, in der wir leben, lässt sich als das Ergebnis von Wirrwarr und Zufall verstehen; wenn sie jedoch das Ergebnis einer Absicht ist, muss es die Absicht eines Teufels gewesen sein.« Und süffisant fügte er hinzu: »Ich halte den Zufall für eine weniger peinliche und zugleich plausiblere Erklärung.«[3] Ähnlich wie Weinberg rüttelte Russel auch an der Theodizee und wunderte sich in einem Vortrag darüber, »dass Menschen glauben können, diese Welt mit allem, was sich darin befindet, und mit all ihren Fehlern sei das Beste, was Allmacht und Allwissenheit in Millionen von Jahren erschaffen konnten.« Er könne das wirklich nicht glauben. Rhetorisch fragte er seine Zuhörer: »Meinen Sie, wenn Ihnen Allmacht und Allwissenheit und dazu Jahrmillionen gegeben wären, um Ihre Welt zu vervollkommnen, dass Sie dann nichts Besseres als den Ku-Klux-Klan oder die Faschisten hervorbringen könnten?«[4] Ziemlich suggestiv!

Die Spöttelei Russels wird vielleicht nur noch von Nietzsche übertroffen, der in seiner Aphorismensammlung *Menschliches Allzumenschliches II* (22) schreibt: »Im Anfang war der Unsinn, und der Unsinn war bei Gott, und Gott (göttlich) war der Unsinn.« Nietzsche zitiert diese Worte eines Unbekannten und bezeichnet sie als die ernsthafteste Parodie, die er je hörte. Wohl auch deshalb, weil er die Haltlosigkeit und Einsamkeit des Menschen bis ins Gigantische gesteigert hat. Sein düsteres Orakel zur Herabkunft eines Zeitalters des Nihilismus – das allerdings überwunden werden muss – war alles andere als untergangsheischende Kaffeesatzleserei. Geirrt aber hat sich Nietzsche mit seiner nahen Vision vom »Übermenschen«, der wie Phönix aus der Asche aufsteigen werde. Außer kläglichen und noch beklagenswerteren Startversuchen mittels Ideologien oder Technologien hat das vergangene Jahrhundert nicht viel geboten. Stattdessen scheinen Zweifel und Unsicherheit um die Wette zu laufen. Das Ziel ist magisch, denn es hält konstant Abstand zu den Läufern.

Der Molekularbiologie und Nobelpreisträgers Jacques Monod gab schon Anfang der 70er Jahre in seinen populären Buch *Zufall und Notwendigkeit* den ernüchternden Rat: »... dann muss der Mensch endlich aus seinem tausendjährigen Traum erwachen und seine totale Verlassenheit, seine radikale Fremdheit erkennen.« Und begründend fährt Monod fort: »Er weiß nun, dass er seinen Platz wie ein Zigeuner am Rande des Universums hat, das für seine Musik taub ist und gleichgültig ist gegen seine Hoffnungen, Leiden oder Verbrechen. Aber wer bestimmt denn, was ein Verbrechen ist? Wer benennt das Gute und das Böse?«[5]

An den Zigeuner im Universum haben wir uns mittlerweile gewöhnt, und eine Menge werden auch keine Schwierigkeiten mit der Taubheit und Gleichgültigkeit des Alls haben, doch bei der Frage nach dem Guten und Bösen zucken wir unwillkürlich zusammen. Allein, was im letzten Jahrhundert Menschen einander angetan haben, ist mehr als ein Verstand fassen und eine Seele tragen kann.

Schon wird unser junges Jahrhundert auch von Gräueltaten heimgesucht, die die Welt entsetzen. Allein der tausendfache Massenmord in New York am 11. September 2001, weltweit live am Bildschirm miterlebt, mag hier Erwähnung finden. Wohin kann Fanatismus, Verblendung und unerbittliche Rechthaberei den Menschen noch treiben?

Der religionskritische Philosoph John Mackie fand sinngemäß zur »Menschenproblematik« einmal folgende Worte: Gott hat sich der schlimmsten Fahrlässigkeit und des größten Leichtsinns schuldig gemacht, als er Wesen wie uns Menschen schuf.[6] Werfe ich dieses Verdikt in theologischen Kursen an die Wand, ist murmelnde Zustimmung die erste und vorherrschende Reaktion. Frage ich nach und problematisiere die Aussage, schlägt mir oft pures Unverständnis entgegen. Wie könne ich nur! Wer noch irgendwelche Illusionen über den Menschen hege, müsse auf einem anderen Planeten wohnen oder völlig realitätsblind sein. Dass der Mensch des Menschen Wolf ist, wüssten wir nicht erst seit Thomas Hobbes. Einmal abgesehen von der Beleidigung gegen das ungemein soziale Tier Wolf, ist uns dieser Vergleich sehr vertraut. Da Gott allwissend sei, wird er das grässliche Benehmen der Menschen vorausgesehen haben – in allen diabolischen Einzelheiten. Und dennoch. Gott habe nicht die Finger davon gelassen! Warum musste er auch den Menschen mit einer solchen Freiheit zum Bösen erschaffen? Fahrlässig und leichtsinnig sei noch sehr milde ausgedrückt.

»Irren ist menschlich. Aber der Mensch ist vielleicht der größte Irrtum der Natur«, schrieb einmal scharfzüngig der Schriftsteller Arthur Hafink.[7] Als ich meiner jugendlichen Tochter dieses Zitat vorlas, stimmte sie erst voll zu, doch dann besann sie sich und schleuderte mir knapp entgegen: »Nein, Gott hat sich geirrt, als er den Menschen schuf. Er wird es kein zweites Mal tun.«

Wenn wir den Irrtum Gottes, seine Fahrlässigkeit oder seinen Leichtsinn beiseite lassen, bleibt noch genug übrig, um an der Gretchenfrage: *Was ist der Mensch?* verzweifeln zu können. An diesem Punkt scheint die Gott-Leid-Problematik sich nochmals deutlich zuzuspitzen. Für John Mackie steht fest: Die Willensfreiheit des Menschen zu jeder nur denkbaren Bosheit und das Vorherwissen eines guten Gottes lassen sich nicht vereinbaren.[8]

Hier wird die Theodizee, die Frage nach einer Rechtfertigung Gottes zur »Anthropodizee«, d. h. zur Frage, ob und wie der *Mensch* gerechtfertigt werden kann. Vielen Skeptikern liefert allein schon die Bestandsaufnahme zur Anthropodizee genügend Argumente, um jeden Versuch einer Gottesentlastung auszuheben.

Zahlreiche zweifelnde Stimmen haben wir schon gehört. Auch solche, die unverhohlen einen Schlusspunkt unter die Gott-Leid-Debatte einfordern. Doch wir sind bereits zu weit gelaufen, um aufzugeben. Hinter uns liegen Umwege und Sackgassen und vor uns kündigen sich schon seit Hiob intensive Lichtstreifen am Horizont an. Das Licht erhellt eine Umgebung, die wir immer deutlicher als die gute Schöpfung von Anfang an erkennen. Das Leben in ihr und mit ihr ist anspruchsvoll nach allen Seiten. Die Paradieserzählung hat uns das schmerzhaft vor Augen geführt. Verwandte biblische Texte verstärken diesen Eindruck. Sie erweitern den Lichtkegel auf die Schöpfung und das Leben und weiten damit auch die Schatten aus, die uns so sehr herausfordern. Gleichzeitig machen uns biblische Autoren aber auch Mut zu einem Leben, das inmitten abgründiger Ängste etwas von der bergenden Hand Gottes spürt.

»GOTT SAH, DASS . . .

. . . *es gut war*«. Dieser Satz hat sich tief in uns eingegraben. Wir ergänzen ihn wie selbstverständlich, obwohl seine Botschaft genau das Gegenteil von dem behauptet, was uns gerade bitter vorgerechnet wurde und was auch Hiob massiv angezweifelt hat.

Dennoch, das Lobeswort auf die Schöpfung taucht gleich mehrmals im ersten Kapitel der Bibel auf. Dort entfaltet der 7-tägige Schöpfungsbericht ein grandioses Szenario über die Erschaffung der Welt und allem, was dazu gehört. Nach getaner Arbeit betrachtet Gott jedes einzelne Schöpfungswerk und befindet es ausdrücklich für *gut*. Diese so genannte Billigungsformel wird siebenmal wiederholt und bleibt selbst beim oberflächlichen Leser hängen – spätestens am Ende des sechsten Tages bei der Generalformel: »*Und Gott sah sich alles an, was er gemacht hatte: Es war sehr gut.*« (Gen 1,31a) Böse Zungen mögen von einer Gehirnwäsche sprechen, die skeptische Zeitgenossen einfach überrumpeln soll: Wenn schon die Realität zu trostlos ist, helfen vielleicht andauernde Beschwörungen!

Die verzweifelte Klage Hiobs und die Antwort Gottes aus dem Sturmwind drängen sich auf. Hiob empörte sich gegen den Himmel wegen seines sinnloses Leids, und er war nicht weniger erbost über die scheinbar sinnlose Schöpfungsordnung. Und Gott? Er gab Hiob eine schier endlose Lehrstunde über seine Schöpfermacht. Doch genauso wenig wie Hiob durch die Sturmwindworte Gottes kleingeredet werden sollte, so wenig will der erste Schöpfungsbericht überreden.

Dessen klare und prägnante Position gibt Antwort auf die Gretchenfrage: Wie hältst du's mit der Schöpfung? »Wir sehen es so«, sagen uns die Verfasser. »Das ist unser Glaube, der Glaube Israels.«

Warum haben die Autoren die Gutheit der Schöpfung so deutlich herausgestellt, und welche Kernanliegen hatten sie noch auf dem Herzen? Eine Tür zum tieferen Verständnis öffnet uns die Entstehungsgeschichte des 7-Tage-Hymnus.

Wenn wir von der Arbeit des Hiobdichters ausgehen, müssen wir nicht weit zurückrechnen. Irgendwann im 6. Jahrhundert v. Chr. haben sich einige theologisch gebildete Priester aus Jerusalem und Umgebung zusammengesetzt und intensiv über die Schöpfung nachgedacht. Die Überlegungen waren Teil einer längeren Trostschrift zum Auf und Ab – vor allem zum *Ab* – in Israels Geschichte. Zur Zeit, als die Priester an ihrem Werk arbeiteten (die sog. *Priesterschrift*), befand sich das Volk »Israel« in seiner schwersten Krise. Die Oberschicht lebte verstört und verzweifelt im Exil am fernen Euphrat; die Zurückgebliebenen quälten sich nicht minder in einem zerstörten Land unter brutaler Fremdherrschaft. Vorausgegangen war der Fall Jerusalems nach Hungerbelagerung und gewaltsamer Einnahme durch *Babylon*. Sein mächtiger und allseits gefürchteter Großkönig Nebukadnezzar II. hatte es schon lange auf die totale Unterwerfung Jerusalems samt des umliegenden Judäa abgesehen. Im Jahre 586 v. Chr. war er am Ziel. Seine Truppen stürmten die Mauern Zions und zerstörten die einst prachtvolle Stadt mitsamt dem Tempel, der in Flammen unterging.

Danach fackelte Nebukadnezzar nicht lange. Er ließ riesige Gefangenentrecks zusammentreiben – zum Abmarsch nach Babylon. Dabei war auch der widerspenstige König Zidkija und seine Familie. Unterwegs mordete Nebukadnezar demonstrativ alle Söhne Zidkijas vor den Augen des Vaters. Danach raubte der Herrscher des Ostens dem letzten König des alten Israel für immer das Augenlicht. Dieses erbarmungswürdige Los stand beispielhaft für die Bitternis des Volkes. Als die geschlagenen Bewohner ihren Leidensweg zu Fuß über tausend Kilometer weit antraten, sahen sie hinter sich den Schutt und die Asche ihres Lebens und vor sich das ungewisse Schicksal eines Exils unter

Zwang und Schande. Fortan saßen die Kinder Israels am großen Fluss Euphrat und weinten, wenn sie Jerusalem gedachten.

Unter den Deportierten waren auch jene Priester, die die besagte Trostschrift an das Volk schreiben sollten. Die Leiden der Einzelnen wären Anlass genug gewesen, doch es gab noch einen weiteren entscheidenden Grund. Das Vertrauen auf den Gott Israels war schwer angeschlagen und drohte im Strudel existentieller Glaubensfragen unterzugehen: Wo war Jahwe, als Babylon die Stadt Davids und den Tempel Salomos zerstörte? Ist mit dem Untergang des auserwählten Zion auch die Erwählung Israels untergegangen? Verschwand mit dem Thron Gottes im Tempel auch die fürsorgende Gegenwart Jahwes unter seinem Volk? Kurzum: Wurde Israel von Gott verlassen oder haben die fremden Götter Babylons den eigenen Gott besiegt? Solche und ähnliche Fragen quälten die Deportierten.

Die einheimische Religionspraxis der Babylonier setzte dem noch eins drauf. Beinah täglich wurden die Fremdlinge aus Juda mit einer Götterwelt konfrontiert, die als unbesiegbar galt. Ihre Kulte wurden berauschend inszeniert, strotzend vor Selbstbewusstsein und Pathos. Besonders beim elftägigen Neujahrsfest in jedem Frühling zu Ehren des Stadt- und Reichsgottes Marduk wurden sämtliche Register gezogen. Der Höhepunkt bildete jedes Mal eine pompöse Abschlussfeier, bei der alles auf den Beinen war. Entlang einer eigens angelegten Prachtstraße bewegte sich eine Prozession auf das gewaltige Ischtartor zu und weiter bis zu den Marduk-Heiligtümern. Dessen kolossaler Turm war in der Antike so berühmt wie die sagenhaften hängenden Gärten. Eine matte Ahnung von der Größe und Schönheit allein der Prachtstraße kann man im Pergamonmuseum Berlin gewinnen. Die Teilrekonstruktion von Ischtartor und Prachtstraße mit den zahlreichen farbig glasierten Ziegeln überwältigt jeden Besucher.

Sicherlich haben sich viele der verschleppten Israeliten das Kultspektakel aus den Nähe angesehen. Unter den Neugierigen waren bestimmt auch Priester, die die Konkurrenz kritisch beäugten. Etwas Vergleichbares hatte es in Jerusalem nicht gegeben. Vielleicht waren nur wenige auf das Drumherum der Zeremonie neidisch, doch deren innere, theologische Botschaft nagte kräftig am eigenen Selbstverständnis. Ausladende Erzählungen untereinander und heiße Diskussionen trugen ihren Teil dazu bei, dass am Ende die Nerven blank lagen.

Zur Linderung hatten die Theologen Israels nicht viel in der Hand. Es war daher nur eine Frage der Zeit, bis erste Ermutigungen und Trostworte formuliert wurden. Hinweisen möchte ich nur auf die originellen bis bizarren Visionen Ezechiels und auf die Hoffnungstexte des Deuterojesaja. Das tröstende Werk der Priester war intellektueller angelegt und stark an der kultischen Bundestreue Israels orientiert. Zentral hierbei war die Rolle des *Sabbat* im Leben des Volkes durch die Geschichte. Die Heiligung des 7. Tages sollte das unvergängliche Bundeszeichen sein zwischen Jahwe und seinem Volk. Gott selbst habe den Sabbat bei der Erschaffung von Himmel und Erde als krönenden Schlusspunkt in die Schöpfungsordnung eingepflanzt. Wenn Israel diesen Tag heilige, wie Gott ihn einst geheiligt hat, beweise es nicht nur seine unverbrüchliche Bundestreue, sondern auch seinen Glauben an die universale, ordnungsstiftende Schöpfermacht Jahwes.

Gegenüber der großspurig auftretenden Götter-Kosmologie Babylons war der eigene Blick zurück auf die schöpferische Grundlegung der Welt dringlicher denn je. Im Marduk-Tempel haben die einheimischen Priester zu jedem Neujahrsfest ihre Version der Weltgeburt bzw. der Welterneuerung feierlich rezitiert. Das Gedicht trägt den Namen *Enuma elisch* (nach den Anfangsworten »Als droben...«); es war weit verbreitet und ebenso gut bekannt. Erzählt wurde von urzeitigen Chaosmächten in Göttergestalt, von der schrecklichen Göttin Tiamat, die den chaotischen Urozean darstellt und ihrem Süßwasser-Partnergott Apsu; erzählt wird von der Vereinigung der beiden Mächte und den elf grässlichen Untergöttern, die Tiamat gebar. In einem titanischen Kampf schließlich besiegte Marduk das Meeresungeheuer Tiamat und ihre »Kinder«. Aus den Überbleibseln formte der Sieger das Firmament, die Erde und auch die Menschen. In der jährlichen Tempelzeremonie wurde der Mythos vom Götterkampf lebendig gehalten und die Fesselung der zerstörerischen Kräfte aufs Neue proklamiert. So konnten die Menschen das junge Jahr empfangen und darauf hoffen, dass das Chaos wiederum bezwungen ist.

Der biblische Schöpfungsbericht in Genesis 1 sieht in vielen Punkten dem Enuma-elisch-Gedicht ähnlich, vor allem der Auftakt:

»*Im Anfang schuf Gott Himmel und Erde. Und die Erde war wüst und wirr, Finsternis lag über der Urflut; und Gottes Geist schwebte über dem Wasser.*« (Gen1,1 f)

Insgesamt jedoch hört sich die 7-Tage-Zählung merkwürdig nüchtern an: Obwohl zu Anfang eine chaotische Wirrnis vorausgesetzt ist, gibt es keine Bedrohungen und Kämpfe, keine Siege und Niederlagen. Die biblischen Autoren waren nicht daran interessiert, den babylonischen Schöpfungsmythos gleich rechts und links zu überholen. Sie verfolgten ein anderes Ziel. Die Kinder Israels sollten Zutrauen gewinnen in die Schöpfungswerke und Vertrauen in die souveräne Schöpfermacht ihres Gottes.

Das benutzte Verb *bara* für *schaffen / schuf* soll dies ausdrücklich unterstreichen. Allein Gott kann erschaffen durch »bara«. In den biblischen Texten ist es nur für ihn reserviert. Auch meint es nicht irgendetwas »machen«, sondern Lebensräume hervorbringen und Lebendiges zur Besiedelung dieser Räume erschaffen. Die Verdrängung der chaotischen Finsternis bildet den entscheidenden Auftakt im Schöpfungsreigen: »*Gott sprach: Es werde Licht. Und es wurde Licht. Gott sah, dass das Licht gut war. ... Es wurde Abend, und es wurde Morgen: erster Tag*« (Gen 1,3 f). Die Botschaft ist unüberhörbar. Gott hat sich aufgemacht, um eine Schöpfung ins Dasein zu rufen, die *gut* sein wird. Dabei muss Gott weder groß überlegen oder ausprobieren, noch andere Götter vertilgen oder ausschalten. Der Tenor der acht Schöpfungswerke ist knapp, aber wirkungsvoll. Streng rhythmisch ertönt die Formel: Gott spricht, es geschieht und es ist gut. Wie ein Kunstwerk entfaltet sich Stück um Stück ein Lebensraum, der Tieren und Menschen alles bietet, was sie brauchen.

Ist das eine Idylle, in der es sich wunderbar leben lässt? Beim näheren Hinsehen ergeben sich Konsequenzen, die uns Menschen enorm herausfordern.

UND DER MENSCH?

»Dann sprach Gott: Lasst uns Menschen machen als unser Abbild, uns ähnlich. Sie sollen herrschen über die Fische des Meeres, über die Vögel des Himmels, über das Vieh, über die ganze Erde und über alle Kriechtiere auf dem Land. Gott schuf also den Menschen als sein Abbild; als Abbild Gottes schuf er ihn. Als Mann und Frau schuf er sie. Gott segnete sie, und Gott sprach zu ihnen: Seid fruchtbar, und vermehrt euch, bevölkert die Erde, unterwerft sie euch, und herrscht...« (Gen 1,26 ff).

Es gibt nur wenige Passagen in der Bibel, die eine theologische Spitzenaussage derart konzentriert und unscheinbar verpacken. Allein die Behauptung, wir Menschen seien das Ebenbild Gottes hat religiöse und profane Traditionen in alle mögliche Richtungen inspiriert. Papier ist geduldig, heißt es. Doch seit über zweieinhalbtausend Jahren scheint diese Geduld über alle Maßen beansprucht zu werden. Schon Hiob hatte sich grimmig über boshafte Zeitgenossen beklagt. Ungeniert würden sie Schandtat über Schandtat aushecken, und ungehindert könnten sie ihre Bosheiten austoben. Welche Steigerungen dazu möglich waren und sind, steht uns heute schmerzlicher vor Augen denn je. Über das ach so prächtige Wesen Mensch haben wir schon schroffste Worte verdauen müssen. Hat Gott wirklich gut daran getan, den »Menschen« in die Welt zu setzen? Provozierender gesagt: Ist die Anthropodizee, die Rechtfertigung unserer Existenz, nicht noch unlösbarer als die Theodizee?

Die Schöpfungsworte in Gen 1,26ff sind optimistisch. Doch der Eindruck ist zwiespältig. Einerseits spricht der Text von göttlicher Würde, von Selbstachtung und Verantwortung, andererseits verbreitet er den Tonfall von Überheblichkeit und egozentrischem Mittelpunktsdenken.

Der Missklang geht von einem Befehl aus, der pointiert die Unterwerfung der Erde und die Beherrschung aller Tiere einfordert. Vordergründig klingt das wie ein Freibrief zum Schalten und Walten nach Nutz und Gewinn. Leider wurde ein solcher Freibrief allzu oft in Anspruch genommen. Die Folgen waren und sind verheerend. Kreuz und quer lasten Spuren von Arroganz,

Kaltherzigkeit, Raubbau und Freveleien auf der Schöpfung. Die vermeintliche Lizenz zum Unterwerfen wird noch unerträglicher, wenn man sich überdies auf die Ebenbildlichkeit Gottes beruft und majestätische Macht um der Macht willen reklamiert. Dann wird die dreiste Freibriefauslegung auch noch peinlich und dumm.

Wer die biblische Schöpfungsbotschaft aufmerksam liest, erhält ein ganz anderes Bild vom Auftrag und Selbstverständnis des Menschen. Zwischen diesem und einem tumben Unterwerfungsherrschen, geschmückt mit göttlicher Aura, liegen Welten.

Den Schlüssel finden wir in der besagten *Ebenbildlichkeit* Gottes. Diese Metapher entwirft ein Menschenbild, das visionär weit über die antike Vorstellungswelt hinausgreift. Ursprünglich stammt der Begriff »Abbild« oder Statue (hebr.: *tselem*) eines Gottes aus dem Königsrecht bzw. Königskult Ägyptens und Mesopotamiens. Besonders im Reich am Nil galt der Pharao und nur der Pharao als *das* Abbild Gottes. Er repräsentierte die Gottheit und er herrschte für die Gottheit. Sinnbild dafür waren seine Statuen. Sie standen im Land, an den Grenzen und vor allem bei eroberten Völkern. Überall proklamierten sie die gottgleiche Autorität und Herrschergewalt. Stellvertretend für Gott regierte der Pharao das Land, indem er die göttliche Weltordnung durchsetzte und verteidigte. Sehr deutlich ist das zum Beispiel auf einer Stele des Pharao Amenophis III. zu lesen. Die Inschrift lässt den höchsten Gott Amun-Re zu Pharao sprechen: »Du beherrschst es (das Land) als König so wie ich . . .; du bewirtschaftest es für mich aus liebendem Herzen, denn du bist mein geliebter Sohn, . . . meine Statue, die ich auf Erden aufgestellt habe.«[9] Ähnliche Privilegien waren auch für die Könige in Assyrien und Babylon reserviert.[10] Von dort dürfte ziemlich sicher das hebräische Wort *tselem* stammen, das vom Assyrischen *tsalmu* entlehnt wurde.

Es ist daher irreführend und falsch, wenn man aus der Gottesbildlichkeit eine Wesensverwandtschaft des Menschen mit Gott heraus lesen will. Das Abbild-Wort spekuliert nicht metaphysisch über gottähnliche Eigenschaften von uns Menschen, sondern lenkt die Aufmerksamkeit auf unseren Auftrag in der Welt.

Vor dem Hintergrund der königlichen Exklusivrechte als Abbild oder Statue Gottes wirkt die biblische Erschaffung des

Menschen nach Gen 1 geradezu revolutionär. Was nur dem Großkönig eines Großreiches zugestanden wurde, gilt jetzt für *jeden* Menschen: Als Abbilder Gottes sind wir alle dessen Stellvertreter auf der Erde. D. h., wir dürfen und sollen im Namen Gottes und seiner Autorität die Schöpfung umfassend verwalten. Damit ist das exklusive »Recht« auf alle Menschen ausgedehnt, unabhängig von Stand und Amt, von Geschlecht, Sippe, Herkunft oder was auch immer. Zur Zeit der priesterlichen Niederschrift schrammte diese egalitäre Abbild-Würde hart an der Missachtung, gar Beleidigung königlicher Ehre und Privilegien vorbei. Doch Israel war zerstreut und gefangen, ohne König und Land. Das dürfte den Text vor der staatlichen Zensur gerettet und sein Überleben als binnenreligiöser Kulthymnus gesichert haben.

Das Recht der göttlichen Stellvertretung und Verwaltung hat enorme Konsequenzen für das Menschenbild. Erstes Licht fällt auf den umstrittenen Befehl, sich die Erde zu unterwerfen und über die Schöpfung zu herrschen. Im Schein der Abbild-Würde wird die Freibriefvariante rasch als das entlarvt, was sie tatsächlich ist, nämlich eigenmächtige und selbstgefällige Hybris. Die Herrschaft des Menschen soll treuhänderisch sein und nicht in irgendeiner Weise ausbeuterisch. Wenn wir die Schöpfung schon im Namen Gottes verwalten, dann auch im Sinne Gottes, der alles gut, sehr gut schuf.

Die Verben unterwerfen und herrschen (hebr.: *kabasch/radah*) gewinnen aus dieser Perspektive deutlich Kontur. Die Unterwerfung der Erde hat nichts mit Herrscherwillkür gegenüber einem Besiegten oder Sklaven zu tun. Wie die moderne Bibelwissenschaft darüber denkt, fassen die Exegeten Löning und Zenger unter dem Stichwort »Schöpfung als Lebenshaus« so zusammen: »Die Menschen werden von Gott ermächtigt, ›das Haus‹ zu betreten, es in Besitz zu nehmen, es zu schützen und zu verteidigen: als Haus des Lebens gegenüber allen Mächten des Chaos – und zwar zum Wohl *aller* Lebewesen, für die die Erde als Lebensraum bestimmt ist.«[11] Ähnliches gilt für die Herrschaft des Menschen über die Schöpfung, samt den eigens erwähnten Tieren. Das Verb *herrschen/radah* meint keine gewaltsame Machtausübung, sondern die Lenkung oder Leitung der lebendigen Schöpfungsbereiche. Dazu gehört auch Macht, aber eine, die ordnet und schützt, die Recht und Gerechtigkeit hoch hält. Pate im Hintergrund steht die Metapher vom fürsorgenden Hirten bei Königen oder bei Jahwe selbst (z. B. Ps 23).

Es ist daher nicht nur missverständlich, sondern schlicht falsch, wenn wir den Menschen schablonenartig zum »Herren« stilisieren und die Erde samt Tieren und Pflanzen zu Untertanen abstempeln. Aus der Perspektive der fürsorgenden Gottes-Statue Mensch bekennt der große Alttestamentler Norbert Lohfink SJ anrührend: »In diesem Bild nun gibt es eine unglaubliche Einheit von Mensch und Tier. Mir ist die Zugehörigkeit des Menschen zur Tierwelt niemals so tief ins Bewusstsein gedrungen, wie beim meditativen Umgang mit diesem Text. Vielleicht war ich früher einmal von dieser Sache sehr berührt, in meiner Jugend, als ich die ersten Tierbilder von Franz Marc sah. Aber das ist lange her und war längst tief abgesunken. Hier an Genesis 1 ... ist es mir neu aufgegangen.«[12]

Im Zentrum der Botschaft von der Ebenbildlichkeit Gottes steckt eine verantwortungsvolle Dialogpartnerschaft zwischen Mensch und Gott. Das heißt, wir sind Geschöpfe, die angesprochen sind und die antworten können, ja müssen. Der Auftrag lautet: stellvertretende Verwaltung der Schöpfung an Gottes statt! Darin eingeschlossen sind umfangreiche Rechte und Pflichten. Mit der Übergabe der Erde an den Menschen hat Gott nämlich seine Schöpfervollmacht geteilt und uns zu eigenständigen Mitarbeitern an der Schöpfung bestellt. Als göttliche Verwalter haben wir nicht nur die Aufgabe, die Schöpfung zu *behüten* im Sinne von bewahren, sondern auch zu *hüten* in kreativer Weise. Das ist möglich, weil uns Selbständigkeit, Einsicht in Gut und Böse und Einsicht in die Gesetze der Schöpfung geschenkt ist.

Im Kern steckt in der Abbild-Gottes-Metapher schon das, was wir heute mit »Person« oder personaler Würde umschreiben. Der Personen-Begriff hat sich umgangssprachlich so eingebürgert, dass seine Bedeutungsschichten oft verdeckt bleiben. Gemeinhin verbinden wir mit *Person* eine unverlierbare Würde. Das ist eine elementare Dimension, aber nicht die einzige. Mindestens noch vier weitere Größen gehören unverzichtbar zur Personalität: *Freiheit* (innere wie äußere), *Vernunft*, *Gewissen* und *Verant-*

wortung. Diese Punkte sind wie die Seiten eines Fünfecks, in dessen Mitte PERSON steht. Ich möchte den Personenbegriff nicht überstrapazieren. In der antiken Welt spielte er keine große Rolle und seine Reflexion war entsprechend gering. Erst moderne Fragestellungen lesen tiefer in seinen Dimensionen und suchen nach versteckten Konturen am Menschenbild. Im nächsten Punkt wird uns die Theodizeeproblematik dazu auffordern. Ihre unerbittlichen Anfragen an den Sinn des Menschenlebens und der Schöpfung an sich zwingen dazu.

Schon die biblische Urgeschichte liefert gleich mehrere Sprungbretter. Sie sind scharf gespannt und katapultieren jeden, der vom Glanz der Schöpfungsworte geblendet ist, erbarmungslos in die Welt der nackten Tatsachen. Das Erwachen ist jäh, beinah brutal. Der Erdenverwalter Mensch, Ebenbild des Schöpfers und ausgestattet mit höchster Kompetenz und Würde, häuft Gewalttat über Gewalttat. Er rebelliert gegen den göttlichen Auftrag zur umfassenden Sorge und verfällt blindwütigem Blutvergießen. *Bosheit* begleitet das menschliche Treiben wie ein Gewitterwolke, die einfach nicht weichen will. In zahlreichen Abschnitten der Bibel schreiben sich die Autoren immer wieder ihre Enttäuschung und ihr Entsetzen von der Seele. Die Priester im Exil Babylons kannten solche Texte – vornehmlich die dunklen Seiten in der jahwistischen Urgeschichte und barsche Prophetenklagen. Aus eigener Sicht schlugen sie in die gleiche Kerbe und nicht gerade zimperlich. Schonungslos deckten sie beim Menschen und in der Geschichte des Volkes Israel Auflehnung, Frevelei, Gewalttat und Bundesbruch auf.

Dennoch, die priesterlichen Autoren verteidigten den Schöpfungsbund Gottes mit den Menschen und den Bund Jahwes mit dem Volk Israel. Die Bosheit des Menschengeschlechts vermag den Bund nicht zu gefährden – als Zeichen dafür stehe der Regenbogen am Himmel (vgl. Gen 9,9 ff). Auch Israel wäre weiterhin von Jahwe auserwählt – dafür stehe der Schöpfungs-Sabbat und im Gegenzug Israels Sabbattreue. Desgleichen hielten die Autoren unverdrossen an der *Ebenbildlichkeit* Gottes fest. Sie wurde nie zurückgenommen oder auch nur ein wenig beschnitten. Gerade in Zeiten der Menschenfinsternis sollte und konnte ihr richtungweisendes Leuchtfeuer Mahnung und Trost sein.

Der Trost der Schöpfungsbotschaft in Genesis 1 ist alles andere als billig. Nirgends wird dem Menschen ein »Paradies« versprochen – obwohl Gott die Schöpfung sorgsam aufgerichtet und eingerichtet hat. Das Lebenshaus Erde ist auch keine Trutzburg, in der man sich verkriechen kann, um in heimeligen Winkeln Schutz zu suchen vor Unbilden aller Art. Im Gegenteil. Das Lebenshaus Erde fordert heraus und macht verletzbar.

Hiob hat das schmerzlich erfahren und ebenso schmerzlich hören müssen. Die feierliche Rede Gottes aus dem Sturmwind (Hiob 38 ff) ist dem Schöpfungshymnus in Genesis 1 ziemlich ähnlich. Alle Einzelwerke seien souverän geschaffen und wohl überlegt platziert. Hiob solle aufmerken und staunen. Verblüffend war nur, dass in der gravitätischen Aufzählung weit und breit der Mensch nicht vorkam. Das liegt nur auf den ersten Blick quer zu Genesis 1. Denn die Zentralperson der Gottesreden ist Hiob. Er ist Gottes unmittelbarer Gesprächspartner. Ich sage ausdrücklich »Partner«, denn der Hiobdichter hat seinen Kämpfer von Anfang als solchen eingeführt und aufgebaut. Das ganze Ausmaß von Hiobs Streit mit Gott wird nur von daher voll ausgeleuchtet.

Hiob pochte nämlich auf Rechte und Einsichten, die Mitgift der *Ebenbildlichkeit* Gottes sind. Auch wenn es seltsam anmutet, Hiobs rebellische Faust gegen den Himmel gehört ebenso dazu wie das ruppige Wortgefecht mit seinen Freunden. Beide Male machte Hiob von seiner Selbständigkeit Gebrauch, von seiner Fähigkeit, eigene Ansichten und Einsichten vorzubringen und vor allem scharf Recht von Unrecht zu unterscheiden. Widerborstig stand Hiob zu seinem Aufschrei; und er wurde geradezu rasend bei dem Gedanken, dass Gott ebenso willkürlich und rechtlos sein könnte wie schlimmste Schurken unter den Menschen. Hier trieb Hiob den Theodizee-Protest auf die Spitze. Jeder Satz war dem Dichter des Buches wichtig. Durch seinen tragischen Helden stellte er Fragen, die zum Menschen gehören wie das Leben selbst. Unsere Würde als freie und eigenverantwortliche Stellvertreter Gottes gibt uns nicht nur die Fähigkeit zu solchen Fragen, sondern auch das Recht dazu.

Daher dürfen und müssen wir weiterfragen: nach Gott und seinem Plan; nach dem, was Welt und Kosmos zusammenhält; nach dem Menschen, seinen Möglichkeiten, Grenzen, und seiner Bestimmung; letztlich nach dem Leid in der Schöpfung. In Genesis 1 haben wir wichtige Voraussetzungen kennen gelernt. Zusammen mit der Ermutigung des Hiobdichters und der Botschaft der Paradiesgeschichte dürfen wir auf manch weitere Einsicht hoffen. Diese sollten allerdings eher Ahnungen bleiben, denn Antworten. Alles andere wäre vermessen.

NEUE KONTUREN AM HORIZONT

An einem Samstag im April 1955 war Albert Einstein (geb. 1879) nicht davon abzubringen, auf seinem Krankenlager neueste Berechnungen anzustellen. Nachdrücklich hatte er Papier, Stift und letzte Formelblätter verlangt. Erst ein paar Tage zuvor war er mühsam überredet worden, doch in ein Krankenhaus zu gehen. Ein altes Leiden hatte sich bedrohlich zurück gemeldet.

Einstein war zu rastlos, um »nur« im Bett zu liegen. Er brütete über neue Feldgleichungen zur Vereinheitlichung grundlegender Naturkräfte, auch an diesem Samstag. Zu gerne wollte er noch dem »Alten da droben« – wie er den Herrgott liebevoll zu nennen pflegte – sein Geheimnis der Weltformel entreißen. Einstein glaubte sich ganz nah dran. Doch seine Frist war um. Der große Gesamtblick war ihm nicht vergönnt. In der folgenden Nacht des jungen 18. April ging Einsteins Leben zu Ende. In seiner Muttersprache Deutsch stammelte er letzte Worte. Ob der »Alte« ihm auf der Schwelle zur Ewigkeit doch noch etwas zugeflüstert hat, wird immer ein Geheimnis bleiben. Die amerikanische Krankenschwester verstand die Worte nicht.

Was Einstein indes hinterließ, war mehr als genug. Mit unbändiger Neugier und brillanter physikalischer Intuition hatte er nach versteckten Knüpfstellen im Webnetz des Kosmos gesucht. Freimütig und genervt vom Rummel um seine Person bekannte er einmal: »Ich möchte nichts als meine Ruhe haben und wissen, wie Gott diese Welt erschaffen hat. Seine Gedanken sind es, die mich beschäftigen – nicht das Spektrum dieses oder jenes Elementes. Solche Dinge sind mir völlig gleichgültig.«[1] Die Suche nach den »Gedanken« Gottes hat sich gelohnt. Was Einstein zum Geheimnis *Universum* entdeckte, fasziniert und beschäftigt seither Generationen von Wissenschaftlern.

Am Ende des 19. und zu Beginn des 20. Jahrhunderts waren Physiker und andere Naturwissenschaftler von trauriger Zufriedenheit erfüllt: zufrieden, weil in ihren Augen das Gebäude der Wissenschaft nahezu komplett erbaut war und traurig, weil es kaum noch etwas Grundlegendes zu tun gab – allenfalls war das eine oder andere Zimmer noch besser einzurichten.

Der junge Einstein konnte sich damit nicht abfinden. Während seiner Arbeit als Patentangestellter III. Grades nutzte er jede Gelegenheit neue Perspektiven zu finden. Verwegen rechnete er tragende Streben aus dem naturwissenschaftlichen Weltbild einfach weg. So still und unspektakulär Einstein seine neuen Gedanken zu Papier brachte und veröffentlichte, so laut war das nachfolgende Krachen im Gebälk des herkömmlichen Weltbildes. Dieses war seit Kopernikus, Galilei und vor allem Isaak Newton fest geschmiedet. Newtons scharfsinnige Einsicht zur Gravitation und ihrer alles bestimmenden Kraft in Raum und Zeit schien wie eine goldene Klammer rund um den Kosmos.

Mit einem genialen Streich zum Raum-Zeit-Verständnis (*spezielle Relativitätstheorie / 1905*) löste Einstein eine Erschütterung aus, die rasch in ein Beben mündete. Viele Physiker rieben sich verwundert die Augen. Sie stimmten begeistert zu oder schüttelten nur den Kopf. Die wohl geordneten und starren Streben im Kosmos begannen zu wanken und wandelten sich zu endlos dehnbaren Gummiseilen. Der *Raum* um uns herum bis an die Grenzen des Alls ist danach keine »absolute« Größe mehr, sondern nur noch relativ. Dasselbe gilt für die *Zeit*. Der scheinbar gleichmäßige und unveränderliche Zeitfluss verdunstete durch Einsteins Formeln zu einem Nebelschleier, der dicht wie Brei oder zart wie Morgenfeuchte sein konnte.

Die Zeit kann sogar ganz aufhören, wenn die Lichtgeschwindigkeit erreicht wird und der Raum sich völlig einrollt. Freilich hat Einstein diese ultimative Konsequenz nie akzeptiert. Zum einen würde die unüberwindbare Grenze der Lichtgeschwindigkeit das unmöglich machen, zum anderen würde der Alte dort oben schon Mittel und Wege finden, es zu verhindern.

Max Planck erkannte schon früh die umwälzenden Folgen und wurde Einsteins Mentor und späterer Freund. Er selbst hatte ein paar Jahre zuvor mit einem mathematischen Trick das bis dato hartnäckige Naturproblem heiß strahlender Körper in den Griff bekommen. Seine Lösung lag in einer Art winziger Häppchenteilung des Lichtstroms (Quantisierung). Es war dann dem jungen Einstein vorbehalten, in einem kühnen Schritt die abstrakt-mathematische Formel physikalisch zu deuten und das »Licht« als Quantenphänomen zu beschreiben. Erst 1922 sollte Einstein für diese Teilchenvorstellung den Nobelpreis erhalten. Es war zu einer Zeit, als die *Quantentheorie* (unter dem Namen *Quantenmechanik*) zu einem kometenhaften Aufstieg ansetzte und an ihrem Ziehvater vorbei zur zweiten Grundlage des neuesten Weltbildes gemacht wurde.

Die erste Grundlage setzte Einstein mit der Vollendung seiner Relativitätstheorie. Nach unsäglichen Mühen und mehreren Sackgassen legte er 1915 eine generelle, umfassende Theorie zur Gravitation vor (*allgemeine Relativitätstheorie*). Sie ließ das alte Weltbild nach Newton endgültig einstürzen und versenkte die Trümmer in den Orkus der Täuschungen. Denn die Anziehungskräfte zwischen der Materie seien eigentlich keine »Kräfte«, sondern eine Raum-Zeit-Verbiegung.

Daher war genau genommen Newton einer Illusion erlegen, als er den Fall seines berühmten Apfels vom Baum der Erdanziehung zuschrieb. Der Apfel folgt auf dem Weg vom Ast zum Boden vielmehr einer Raumzeit-Spirale, beziehungsweise er fällt an einer vierdimensional gekrümmten Kurve entlang, die die Materie der Erde vorgibt. Obwohl sich bis heute niemand einen verbogenen Raum und eine gestauchte Zeit vorstellen kann, fuhr Einsteins Konzept wie ein Blitz in die Schar der Physiker und Astronomen. Lauffeuerartig ging die Nachricht um die ganze Welt.

Die Gilde der Physiker ist sich bis heute einig: Einsteins Gleichung zur Gravitation als Raumzeit-Phänomen ist an Ästhetik kaum zu überbieten – vielleicht nur durch eine zukünftige Weltformel. Einstein war sich dessen voll bewusst. Es bestätigte seinen unerschütterlichen Glauben an einen großen ästhetischen Plan im Kosmos. Bei einem ersten Besuch an der Universität Princeton antwortete er auf die skeptische Frage eines Journalisten spitzbübisch: »Raffiniert ist der Herrgott, bösartig aber nicht.«[2]

Die »Raffinesse« Gottes hatte Einstein sogar noch unterschätzt. Die Gravitationstheorie enthielt kuriose Tücken. Einstein hatte eine Feldgleichung präsentiert, die einfach aussah, aber rechnerisch überaus tückisch ist. Sofort erkannten einfallsreiche Kollegen Grenzfälle, die absurd anmuteten. Die Stauchung der Raumzeit hängt nämlich von der Dichte der jeweiligen Materie ab, und es ist nur ein kurzer Rechensschritt, bis die Raumzeit auf null geschrumpft und ein Materiekörper auf einen undefinierbaren Punkt kollabiert ist. Der Göttinger Astronom Karl Schwarzschild hatte so eine Rechnung mit idealen Größen durchgeführt und gelangte im Ergebnis zu einem solch seltsamen raum-, zeitfressenden Materieexoten. Leider konnte er diesen Schöpfungs-Clou Gottes nicht weiter verfolgen – an der russischen Front wurde er schwerkrank und starb alsbald. Als Vorsitzender der Physikalischen Gesellschaft musste der Pazifist Einstein auf ihn und andere Kollegen Nachrufe verfassen.

Es dauerte noch viele Jahre, bis man dem bizarren Gebilde des Nichts den attraktiven Namen: *Schwarzes Loch* verpasste und intensiv auszuforschen begann. Heutzutage sind diese Löcher aller Löcher Medienstars. Als »kosmische Monster« oder gigantische Staubsauger des Nimmer-Wiedersehens verbreiten sie in den Wohnstuben Angst und Schrecken. Eigentlich zu Unrecht, denn sie sind für uns relativ ungefährlich, dafür aber ausnehmend faszinierend. Rein theoretisch sollten *Schwarze Löcher* die stabilsten Grabstätten im Universum sein. Doch selbst bei diesem Extrempunkt weicht die Natur einer völligen Erstarrung aus. Mitte der 70er Jahre konnte der englische Astrophysiker Stephen Hawking nachweisen, dass auch *Schwarze Löcher* leben und langsam sterben.

Einstein wollte sich mit der Schwarzschild-Lösung seiner Gleichung par tout nicht anfreunden. Bei dem Gedanken daran raufte er seine wilden Haare und schwor sich, zeitlebens nie an ein kosmisches Monstrum des Alles und Nichts zu glauben. Die Natur beziehungsweise der »Alte« wüssten so etwas zu unterbinden. Doch hier dachte Einstein viel zu kleinlich. Schon bald widerlegte ihn die Forschung und überholte den großen Denker und dessen Visionen.

Ähnlich erging es Einstein mit der Quantentheorie. Einst hat er sie aus der Taufe gehoben, dann nahmen andere sie in ihre Obhut und bohrten tief nach Antworten auf letzte Fragen – wie

Einsteins Freund Niels Bohr, mit dem er sich ein Leben lang über Quanteninterpretationen kabbelte.

Schon 1926 entdeckte der blutjunge Assistent Bohrs, Werner Heisenberg, das entscheidende Prinzip der Quantenwelt: die *Unschärferelation*. Der Begriff lässt nur schwach ahnen, dass er einer der größten Geheimnisse der Schöpfung beschreibt. Grob gesagt geht es um die Unmöglichkeit, jemals den Ort und die Geschwindigkeit eines elementaren Teilchens der Natur gleichzeitig exakt bestimmen zu können. Das klingt banal und belanglos, doch die Konsequenzen sind so umwälzend wie die der Relativitätstheorie. Die Unschärferelation desillusioniert nämlich die Hoffnung auf einen allerletzten sicheren Bereich im wissenschaftlichen Weltbild. Darin eingeschlossen ist die verstörende Erkenntnis, dass die elementare Natur im Grunde keine objektive Realität bietet. Was ein Forscher sehe und messen könne, hänge nicht davon ab, was tatsächlich ist oder nicht ist, sondern von der Absicht des Betrachters, etwas Bestimmtes sehen und messen zu wollen. Psychologisch bedingte schiefe oder selektive Wahrnehmungen sind hier keine im Spiel. Nein, es ist die schlichte Weigerung der »objektiven« Natur, objektiv zu sein.

Beispielhaft steht dafür der berühmt-berüchtigte Doppelspaltversuch. Geradezu schelmenhaft zeigt er, wie die Natur ihre Beobachter an der Nase herumführt:[3] Richtet man einen Strahl elementarer Teilchen (etwa Photonen, Elektronen) auf eine Platte mit einem kleinen Loch darin, werden einige der Teilchen dieses Loch durchfliegen und auf einer dahinter liegenden Leuchtwand charakteristische Spuren zeigen. Wie erwartet ist es ein »Fleck« – genauso als wenn kleine Farbkügelchen geflogen wären. Öffnet man jedoch auf der Platte ein zweites Loch, gibt es keinen weiteren Fleck daneben. Auch der erste Fleck ist wundersamerweise verschwunden! Stattdessen bilden sich auf der Leuchtplatte Wellenberge und Wellentäler ab. Ähnlich ist es, wenn Wasserwellen an eine Wand schwappen, die zwei oder noch mehr Spalten aufweist. Die Wellen beginnen zu streuen, d. h. sie überlagern sich hier und löschen sich dort aus – sie interferieren, wie Physiker sagen. So geschieht es auch beim Teilchenstrahl. Schon ein zweites Loch »verwandelt« ihn urplötzlich in eine Welle, die überall ist. Äußerst befremdlich ist dabei, dass schon ein einzelnes (!) Teilchen dasselbe Ergebnis liefert. Fliegt es auf ein Loch zu, verhält es sich wie eine geworfene Erbse, fliegt es auf zwei Löcher zu, ändert es sich unterwegs flugs in eine Welle.

Woher wissen seelenlose Photonen oder Elektronen, sogar Atome, was sie da vorne erwartet? Es spielt überhaupt keine Rolle, wie weit sie reisen müssen und wie entfernt die Spalten sind. Immer scheinen die Elementarteilchen schon vorher zu wissen, was sie erwartet. Was sind elementare Teilchen der Natur wirklich? Sind es einzelne Partikel, die wie Erbsen gezählt, geworfen und berechnet werden können, oder sind es ausgedehnte Wellen, die im Universum überall und nirgends herumwabern? Und warum machen sie, was sie wollen, ohne uns eine Chance zu geben, sie zu packen, zu verfolgen und zu berechnen?

Seit Jahrzehnten bringt diese intelligente »Hinterlist« und Doppelnatur Physiker um den Schlaf. Noch keinem ist eine befriedigende Erklärung gelungen. So hat der Nobelpreisträger und Top-Physiker der Quantentheorie Richard Feynman seinen Studenten geraten: »Also fragen Sie sich nicht dauernd, wenn Sie es fertig bringen: ›Aber wie ist das möglich?‹ Das führt in eine Sackgasse, aus der noch keiner wieder heraus gekommen ist. Niemand weiß, wieso es so sein kann, wie es ist.«[4]

Die wundersame Welt der Quantenmechanik, die man sah und doch nicht sah, die man antippen, aber nicht fassen konnte und die sich beharrlich jeder Vorhersage entzog, war und ist ein Schock für die »exakte« Naturwissenschaft. Es war auch ein Schock für Einstein. Er hatte die starren Mauern des Weltbildgebäudes eingerissen und durch fließende Konturen ersetzt. Dabei glaubte er aber noch an ein festes Fundament, das nicht mitwankt und nicht mitwanken dürfe. Jetzt brach auch dieses Fundament weg. Die Quantenbeschreibung ersetzte es durch bloße Wahrscheinlichkeiten: Ob irgendwo und irgendwann ein winziger Fundamentbereich auftaucht und wieder abtaucht, sei zufällig und könne niemals genau berechnet werden. Nur mehr oder weniger hohe bis geringe Wahrscheinlichkeiten seien möglich.

Das war der zweite Schlag, den Einstein selber provoziert hatte. An dessen Berechtigung zweifelte er allerdings bis zu sei-

nem Tode. Standhaft bezeichnete er die Quanteninterpretationen als unvollständige Hypothese. Irgendwo müsste es verborgene Parameter geben, die alles erklärten. Seine Suche nach
solchen Größen war allerdings erfolglos, konnte nur erfolglos
bleiben. Mittlerweile gibt es kein Zurück mehr. Die seltsame Welt
der Natur auf Quantenebene ist durch zahlreiche Experimente
und Anwendungen aller Art bestätigt worden.

Wie Einstein heute darüber denken würde, wissen wir nicht,
aber zu Lebzeiten hielt er an der prinzipiellen Berechenbarkeit
aller Naturphänomene fest. Kurz vor seiner Pensionierung
schrieb er einem gleichgesinnten Kollegen.[5] »Es scheint hart, dem
Herrgott in die Karten zu gucken. Aber dass er würfelt, ... kann
ich keinen Augenblick glauben.« Gott würfelt nicht! Trotzig und
selbstbewusst hatte Einstein das immer wieder bekräftigt. Der
Spruch wurde rasch zum populärsten Wort des Grand Senior der
Physik gegen die »grundlose« Zufälligkeit im neuen Weltbild.
Sein Freund Niels Bohr, der zur Leitfigur der Quantentheorie
aufgestiegen war, konterte noch trotziger: »Aber es kann doch
nicht unsere Aufgabe sein, Gott vorzuschreiben, wie Er die Welt
regieren soll.«[6]

Theologisch sind auf Anhieb beide Positionen sympathisch.
Der biblische Schöpfergott kommt dabei als überlegener Baumeister ebenso zu Wort wie der je größere Gott, dessen Wege und
Gedanken nicht unsere Wege und Gedanken sind. In diesem
Kapitel werden wir noch auf weitere Merkwürdigkeiten im Bau-
plan der Schöpfung stoßen. Jede zeugt von einem Gott, der sich
in seinem Werk fassbar und unfassbar zugleich offenbart. In diesem Spannungsbogen liegt auch das Theodizeeproblem. Die
gespannten Pole werden es aber nicht zerreißen, sondern ein kosmisches Leuchtfeuer setzen, die eigenes Licht auf die Frage aller
Fragen werfen.

HAT GOTT GEWÜRFELT, ALS ER DIE WELT SCHUF?

Einstein hatte sich nie spekulativ mit der Leidfrage befasst. Ihm
reichte die physikalische Überzeugung, dass alles eine Ursache
haben müsse und diese Ursachen erforschbar seien. Zudem

glaubte er fest an eine überlegene Vernunft im Universum. Sie sei die alles bestimmende und lenkende Kraft in den Naturgesetzen. Sie forme die unübertroffene Schönheit der kosmischen Ordnung und Harmonie. Für Einstein gab es nicht Größeres als die ehrfürchtige Bewunderung und Erforschung dieser vernünftigen Harmonie. Er nannte es »kosmische Religiosität« – im Gegensatz zur Furcht-Religion und der moralischen Religion. Mit kosmischer Religiosität würde man tief in die Erhabenheit der Schöpfung eintauchen und die Kleinheit, ja Nichtigkeit menschlicher Wünsche und Ziele fühlen.[7]

Obwohl Einstein häufig von »Gott« sprach, distanzierte er sich deutlich vom herkömmlichen Gottesbild aus biblischer Tradition. Vor allem mochte er nicht an ein personales Wesen oder Super-Wesen »Gott« glauben, das die Menschen belohne oder bestrafe und den Weltenlauf nach seiner Vorsehung regiere. Einen solchen Gott könne es schon deshalb nicht geben, weil wir Menschen von äußeren und inneren Gesetzmäßigkeiten determiniert, d. h. bestimmt und gelenkt wären – genau so wie der seelenlose Kosmos auch.

Der naturwissenschaftliche Determinismus hat sich seit den Startschüssen zum modernen Weltbild im 16. und 17. Jahrhundert geradezu explosionsartig entwickelt. Einstein stand in einer großen und breit akzeptierten Tradition. Ihr Credo lautete: Im gesamten Kosmos geschieht nichts ohne kausale Ursachen; und diese sind bis ins Kleinste berechenbar. Das gilt für zurückliegende Ereignisse, für gegenwärtige Prozesse und für alles, was in der Zukunft passieren wird.

Schon hundert Jahre vor Einstein hat der französische Hofastronom Pierre Laplace diesen Glauben an ein All-Wissen unübertroffen beschrieben. Seine Idee ging als *Laplacescher Dämon* in die Geschichte ein. Der findige Astronom stellte sich dabei eine höchste Intelligenz vor und ließ sie über jede Kraftwirkung im Universum und über jede Lage sämtlicher Materieteilchen Bescheid wissen. Welchen Einblick hätte diese Intelligenz? »Nichts würde ihr ungewiss sein und die Zukunft wie Vergangenheit würde ihr offen vor Augen liegen«, schlussfolgerte Laplace messerscharf.[8]

Die Euphorie unter den aufstrebenden Naturwissenschaft-

144

lern war überwältigend. Was bleibe noch übrig an Unvorherseh-
barem und Unberechenbarem? Nichts! Das logische Netz der
Natur aus Längsfäden von Ursachen und Querfäden von Wirkun-
gen war überschaubar und durchschaubar. Mit Hilfe der naturwissenschaftlichen Gesetze und der Mathematik konnte jeder
Knoten gefunden und jede neue Knüpfstelle vorhergesagt werden. Diesem Röntgenblick sollte nichts entgehen. Unter seinem
Raster musste die Blaupause des Schöpfungsplans sichtbar werden. So wie Gott ihn vor aller Zeit entworfen habe. Was der Hiobdichter und die Schöpfungsautoren im alten Israel nur vage
beschreiben konnten, war nach Meinung vieler Naturwissenschaftler zum Greifen nah. In der Natur wurde eine riesige
Maschine oder ein kompliziertes Uhrwerk gesehen und in Gott
der Ingenieur oder ein genialer Uhrmacher. Danach ist alles vor-
gezeichnet, was auf der Welt passiert oder nicht passiert, denn
jedes Rädchen dreht sich wegen eines anderen und dieses wiederum wegen anderer. Einmal aufgezogen sollte das Uhrwerk
Natur präzise im Takt pendeln, bis in alle Ewigkeit.

Wie rasch dieser Takt jedoch ins Schlingern geraten kann, hat
uns Einstein vorgerechnet. Ohne es zu wollen, leitete er mit seinen Formeln und Visionen sogar die Auflösung des Uhrwerks
Gottes ein. Die Reste versanken dann unwiderruflich im Strudel
der neuen Quantentheorie – zum Verdruss Einsteins. Seither gilt
grundsätzlich: Die Natur funktioniert nicht nach *Schema f* und
lässt sich auch nicht dazu zwingen. Würfelt Gott also doch? Ist
die Schöpfung ein Spiel, dessen Ausgang niemand kennt, vielleicht nicht einmal Gott selbst?

Dieser Gedanke schreckte nicht nur Einstein. Auch andere
Pioniere der modernen Physik hielten hartnäckig daran fest, dass
man der Natur und ihrem Schöpfer vollständig in die Karten
gucken könne. Vernünftiges Schlussfolgern und Denken sei
schließlich das höchste Geschenk der Natur und ihr ureigenster
Selbstausdruck. Doch die bizarren Kapriolen der kleinsten Teilchen würden der menschlichen Vernunft zutiefst wiederspre-
chen, ja sie verhöhnen.

Unter den Gegenargumenten, die meist als Gedankenexperi-
mente vorgetragen wurden, möchte ich nur *Schrödingers Katze*
erwähnen. Dieses Katzenbeispiel stammt von Erwin Schrödinger,

einem verbündeten Kollegen Einsteins. Schrödinger hatte schon 1925 eine fundamentale Wellengleichung aufgestellt, die unter seinem Namen zu einem Eckstein der Quantenphysik wurde. Doch letzte Konsequenzen aus seiner Formel mochte er nicht akzeptieren. Vor allem das seltsame Doppelleben der Natur auf kleinster Ebene war ihm ein Dorn im Auge. Mitte der dreißiger Jahre ersann Schrödinger ein Gedankenexperiment, gegen das Tierschützer heute energisch protestieren würden. Das Versuchsobjekt war nämlich eine Katze, die in einen Raum eingesperrt werden sollte. Darin postierte Schrödinger eine grausige Apparatur: Eine radioaktive Quelle mit 50:50 Zerfallschance, einen Geigerzähler, einen Hebelmechanismus mit Hammer und einen Glaskolben mit Zyankali. Wir ahnen, was passieren soll. Sobald der Geigerzähler anschlägt, setzt er einen Hebel in Bewegung und der Hammer saust auf die Giftflasche nieder. Dann wehe der Katze! Doch stopp! Bevor es so weit ist, muss erst die Natur auf der Quantenebene überlistet werden. Hier liegt der Haken. Es ist ein verflixter Haken, der schon bald 70 Jahre jede Theorie gnadenlos stoppt, die die Mieze für tot oder lebendig erklärt. Selbst eine statistische Prognose, dass es 50:50 stehe, ob das arme Tier noch lebe oder tot sei, ist unmöglich. Ja, sie ist falsch.

Was ist tatsächlich mit der Katze los? So verrückt es klingen mag, aber nach der klassischen Quanteninterpretation ist das Tier tot und lebendig zugleich! Jedenfalls solange, bis ein neugieriger Forscher die Tür öffnet und nachsieht. Erst durch dieses Beobachten würde die Quantennatur Fakten schaffen und sich für das eine oder andere Resultat entscheiden. Doch die ganze Zeit vorher, solange der Raum unbeobachtet bleibe, verharre die »Welt« da drin in einem eigenartigen Doppelzustand. Physiker sprechen von einer »Superposition«. Dieser Begriff soll den mehrdeutigen oder besser: den unbestimmten Zustand der Natur auf Quantenebene beschreiben. Erst genaues Hinsehen und Nachmessen, was denn nun los ist, würde die Superposition zusammenbrechen lassen und Klarheit bringen. Dann entscheide sich die Natur für einen Weg, den sie gehen will. Schrödinger hielt diese Vorstellung für absurd. In seinem Experiment müsste die Superposition der Quantenunschärfe auf die Katze übergehen. Die Folge wäre eine tote und lebendige Katze zugleich. So etwas könne es nicht geben – selbst in den tollsten Träumen kühner Quantenphysiker nicht! Auch Einstein sah im Zwitterstatus der Katze ausgemachten Unsinn, und er gratulierte Schrödinger ausdrücklich zu seinem findigen Gedankenexperiment.

Gewiss, eine lebendig-tote Katze gibt es auch in der Quantenphysik nicht. Doch die Sache ist vertrackter, als es auf den ersten Blick scheinen mag. Eines ist heute sicher: Auf kleinster Ebene verharrt die Natur tatsächlich in einem Zustand, der alle Optionen in sich vereinigt. An der Superposition gibt es keine Zweifel mehr. Fraglich ist aber, *wann* und vor allem *wie* diese Position des Alles und Nichts verschwindet? Konkret: Wo ist die Schnittstelle zwischen dem diffusen Nebel auf mikroskopischem Grund und der klaren makroskopischen Welt? Und wie funktioniert dieser Übergang? Welche Rolle spielt der Beobachter? Was muss er eigentlich beobachten, damit eine Entscheidung fällt? Ist unbedingt ein Mensch mit Bewusstsein erforderlich oder genügt auch die Katze oder gar ein Floh in ihrem Fell? Ja, gibt es überhaupt eine Schnittstelle, und ist die Welt im Großen so eindeutig wie gemeinhin angenommen? Spaltet sich vielleicht das Universum andauernd in Myriaden von Teilwelten aufgrund der Myriaden von Quantenzuständen?

Es bleiben Fragen über Fragen. Meist münden sie in paradoxe Lösungsansätze, die nicht plausibel aufgelöst werden können. Nach John Gribbin, der viel über das Katzenproblem geschrieben hat, sind es Paradoxa dieser Art, »die Philosophen und Quantenmechaniker heute in Atem halten« und die weiterreichende Konsequenzen haben, »als das einfache Szenarium mit der Katze in der Kiste erahnen lässt«.[9]

Ich weiß nicht, wie viele Katzen dem Gedankenexperiment Schrödingers wirklich zum Opfer gefallen sind in so manchen Hinterhoflabors. Das wäre tragisch und überflüssig. Denn über die originale Versuchsanordnung sind keine Ergebnisse zu gewinnen; sie taugt nur als gedankliches Paradoxon. Erfolgreicher dagegen sind Experimente, die die lebende Katze durch so genannte Quanten-Kätzchen ersetzen. Solche und ähnliche Versuche sind erst in den letzten Jahren gelungen. Ihre Ergebnisse faszinieren selbst abgeklärte Quantenphysiker. Da werden

»lebendig-tote« Schrödinger-Kätzchen aus Quanten erzeugt und sogar zur Jagd auf Quantenmäuse angesetzt. Oder ein und dasselbe Atom zeigt sich zugleich an zwei Orten, wobei es weder hier noch dort völlig »real« ist. Oder ein Elementarteilchen rast gleichzeitig auf zwei verschiedenen Wegen zu einem Ziel – ebenfalls aufgrund einer geheimnisvollen Verdoppelung. Oder in einem ultrakalten Gas (*Bose-Einstein-Kondensat*) entsteht eine Gesamtquantenwelle, bei der niemand sagen kann, wo die zahllosen Einzelelektronen geblieben sind, die eben noch da waren. Oder Teilchen und Anti-Teilchen tauchen wie aus dem Nichts auf, um sich augenblicklich wieder gegenseitig zu vernichten. Das sieht aus, als ob die Natur ein Nullsummen-Spiel *Ich-bin-da/Ich-bin-weg* treibt, einfach aus Jux. Doch gäbe es nicht laufend diese virtuellen Blitze ohne »Zeitspanne«, wäre die Welt nicht das, was sie ist.

Oder zwei komplementäre Teilchen reagieren aufeinander, obwohl sie so weit entfernt sind, dass sie unmöglich irgendwelche Signale austauschen können. Sobald das eine beobachtet und gemessen wird, »fühlt« sich auch das andere beobachtet; sobald beim einen etwa die Farbe rot festgestellt wird, entscheidet sich das andere urplötzlich für die Farbe grün, und so fort. Einstein, der einen solchen Kommunikationsversuch als Gedankenexperiment angeregt hatte (nach *Einstein-Podolski-Rosen /EPR*), war sich sicher: die Natur werde eine »geisterhafte Fernwirkung« nicht zulassen! Lieber wolle er den Physikerberuf an den Nagel hängen und Schuster werden, da gehe wenigstens alles noch mit rechten Dingen zu.

Nun, Einstein musste sich nicht zum Schuster umschulen lassen. Erst Anfang der 60ziger Jahre hatte der Physiker John Bell in Cern mathematische Regeln zur seltsamen Quantenkommunikation aufgestellt. Das Ergebnis waren Ungleichungen, die verletzt oder nicht verletzt werden konnten. Bei einer Verletzung wäre Einsteins Vorbehalt widerlegt. Ja, noch mehr. Es wäre ein Beweis für die prinzipielle Einheit der Natur in ihrem Fundament (sog. *Nicht-Lokalität*). Es dauerte noch ein paar Jahre bis die Verletzung der Bellschen Ungleichung experimentell nachgewiesen werden konnte. 1982 gelang in Paris ein EPR-Versuch, der die Wechselwirkung elementarer Teilchen in der Natur eindrucksvoll bestätigte. Mittlerweile haben variierte und verfeinerte EPR-Tests diesen Befund besiegelt.

Damit gilt: Die Natur benimmt sich auf der Quantenebene so, als seien ihre Teilchen nicht voneinander getrennt, als wären sie »eins« oder Bestandteil einer großen Einheit, die alle Materie- und Energieformen im Kosmos umfasst. Vorausgesetzt ist allerdings, dass die Quanten ursprünglich, im Augenblick ihrer Entstehung, miteinander verknüpft waren. Im Universum und bei den biochemischen Prozessen unserer Welt geschieht das andauernd. Selbst überaus stabile Atome oder Moleküle sind davon nicht ausgenommen. Denn im Augenblick des Beginns unseres Kosmos beim Urknall hatte alles mit allem Kontakt. Der bekannte theoretische Physiker und Kosmologe Lee Smolin hält es für sehr wahrscheinlich, dass dadurch für alle Zeiten eine universale und unzerstörbare Gemeinsamkeit zwischen sämtlichen Bausteinen im Universum besteht.[10] Eine Stimme von vielen.

Offensichtlich ist die Natur oder der Herrgott weitaus raffinierter als es sich Einstein, Schrödinger und andere haben träumen lassen. Die Einsichten im 20. Jahrhundert haben alle vorherigen Weltbildentwürfe als mickrige Versuche entlarvt, etwas einzufangen, was nicht einzufangen ist. Die Suche nach einem angemessenen Weltbild wurde auf ganz neue Pfade gelenkt. Wohin sie letztlich führen, weiß noch niemand zu sagen. Dennoch beginnen sich Konturen abzuzeichnen. Obwohl sie erst blass schimmern, lassen sie deutlich genug erkennen, dass die Schöpfung nicht wie ein Uhrwerk funktioniert und sich ihr Takt jeder Vorausberechnung entzieht. Die Entwicklungsdynamik im Universum ist offen und nur grob vorhersehbar. »Heute wissen wir: Wie das Universum in fünf Sekunden aussieht, ist im jetzigen Stadium nicht festgelegt, jedenfalls nicht vollständig. Ich glaube, das hat Auswirkungen auf die Weltanschauung.« So formulierte es der Quantenphysiker Anton Zeilinger in einer Gesprächsrunde mit dem Dalai Lama während eines dreitägigen Symposium über Spiritualität und Wissenschaft.[11] Weiter bekannte Zeilinger: »Mir gefällt so eine offene Sicht des Universums besser als die alte geschlossene Sichtweise. Sie ist gewissermaßen romantischer. Nicht so langweilig. Andererseits ist sie auch komplizierter.«

Der Umbruch von einem »langweiligen«, deterministischen Universum in eine offene, »spannende« Welt, ist so faszinierend wie desillusionierend. Der Determinismus ist tot und mit ihm auch der Laplacesche Dämon des Wissens. Das kreative Universum schlägt jedem ein Schnippchen, der es fangen und mathematisch zähmen will. Im höchsten Maß gilt das für das freie Spiel der Quanten auf dem Fundament der Natur. Es gilt aber auch für alle komplexeren Aufbauten – vom Atom, über uns Menschen bis zu galaktischen Sternhaufen. Alles ist aus einem Stoff und alles ist denselben Gesetzen unterworfen.

Bedeutet das gleichzeitig der Abschied von einem Universum der Schönheit? Herrscht im Innersten der Natur wildes Durcheinander? Wird der Kosmos von einem chaotischen Würfelspiel regiert, dessen einziges Gesetz *Zufall* heißt? Schlagfertig bemerkt Stephen Hawking: »Alles spricht dafür, dass Gott ein unverbesserlicher Spieler ist und keine Möglichkeit auslässt zu würfeln.«[12] Das war die große Befürchtung Einsteins. Es war und ist auch ein rotes Tuch für viele Theologen. Einstein sah bei einem Spieler-Gott die vernünftige Ästhetik des Universums in Gefahr und Theologen sehen gleich die Schöpfermacht Gottes schwinden, gar verschwinden. Dennoch, die Schwelle zu einer neuen Weltsicht ist überschritten. Es gibt kein Zurück.

Wie viel *Sinn* gibt es in diesem Universum? Was bedeutet »Schönheit«, Kreativität, Freiheit für uns Menschen und für die gesamte Schöpfung?

KREATIVE SCHÖPFUNG – LEIDVOLLE SCHÖPFUNG

»Warum muss sich das Universum dem Ungemach seiner Existenz unterziehen?« Wir kennen diese Frage aller Fragen des weltbekannten Forschers Stephen Hawking. Sie steht in Reihe anderer Rätsel, die uralt und immer noch aktuell sind: Woher kommt die Welt? – Woher der ganze Kosmos? Gab es einen Anfang? Wird es ein Ende geben? Was war vorher? Was wird später sein? Ist das Universum unendlich? Gibt es vielleicht unzählige Universen nebeneinander und hintereinander? Sind wir Menschen allein im weiten Kosmos? Schließlich: Hat sich das Universum wegen uns Menschen entwickelt, oder sind wir da, weil das Universum so und nicht anders ist? Theologisch gefragt: Wurde die Schöpfung wegen uns ins Dasein gerufen, und wurde alles *für* uns geschaffen?

»Kennst du die Gesetze des Himmels, legst du auf die Erde seine Urkunde nieder?« Das hatte Gott in seiner ersten großen Schöpfungsrede den verdutzten Hiob gefragt. Wir erinnern uns. Gott überschüttete Hiob mit vielen ähnlichen Fragen – vom kosmischen Anfang bis zu biologischen Einzelheiten. Der Tenor war immer gleich: Was wisse Hiob über den Schöpfungsplan? Was über dessen Maße? Was über rechte Zeiten, wann etwas geschehen soll oder nicht? Dem Hiobdichter genügte dieser Hinweis. Hinter der Ordnung am Himmel und auf der Erde stehe ein wunderbarer Plan. Hiob könne nichts davon wissen, nur ahnen.

Mittlerweile wissen wir mehr, viel mehr über die Gesetze des Universums und des Lebens. Allein die Erkenntnisschätze der letzten 100 Jahre überbieten alles, was Sucher, Forscher und Denker bisher zusammen getragen haben. Interessante Einsichten aus Kosmologie und Quantenwelt haben uns gerade verblüfft wie begeistert. Vieles andere müssten wir noch gleichermaßen erkunden und einordnen – allem voran aus dem reichen Fundus der Evolutionsforschung. Doch ich möchte inhaltlich nicht ausufern und den Blickwinkel eng halten. Die Konzentration auf grundlegende Fragen zum Leid und zur Schöpfung sind klippenreich genug.

Der Kosmos ist im Werden. Von dieser grundlegenden Einsicht müssen wir ausgehen und Konsequenzen abstecken. Leider hat die Theologie lange gezögert, ein Universum zu akzeptieren, das selbständig wächst und sich stetig ändert. Ganz verschwunden sind die Ressentiments immer noch nicht. Der Bruch zur herkömmlichen Auffassung einer Schöpfung, die fix und fertig ins Dasein gerufen wurde, ist zu groß.

Einer der ersten Theologen, der die Herausforderung annahm und ein neues Gottes-, Welt- und Menschenbild suchte, war der Jesuitenpater und Paläontologe Teilhard de Chardin (1881–1955). Sein Fernblick hat die Theologie durchgeschüttelt und bis zur Schmerzgrenze angestachelt. Theologen wurde jählings aus ihrem Winterschlaf gerissen und kirchliche Amtsträger bis hinauf zur Kurie wähnten einen neuen Ketzer in ihren Reihen. Teilhard hatte es nämlich gewagt, das »starre« Weltbild des Katechismus radikal in Frage zu stellen. Dieses dreiste Ansinnen war für viele weitaus schlimmer als die Anmaßung Einsteins gegenüber der alten Weltordnung nach Newton. Vielleicht ahnen Sie, was für jene Kirchenleute auf dem Spiel stand, die sich eisern weigerten im 20. Jahrhundert anzukommen: Nichts weniger als die Sicherheit, in einer Welt zu leben, wo alles seit Anbeginn seinen Platz hat, wo die Bühne für uns Menschen bis ins Detail bereitet ist. Änderungen im Bühnenaufbau würden Gottes Heilsplan nur stören und seine Schöpfersouveränität untergraben.

Wie kleinmütig und engstirnig hier von Gott und der Schöpfung gedacht wurde – und zuweilen noch wird – hat Pater Teilhard schon früh gegeißelt. Er sah in der von ihm so geliebten Materie die Kraft des Gottesgeistes wirken. Diese ziehe das Universum unaufhaltsam zum höchsten Punkt einer Vergeistigung, die Christus ähnlich sei (Punkt *Omega*). Teilhards Rede von der *Christifikation* des Kosmos ist vielfach missverstanden worden. Wohl deshalb, weil es mystische Sprache ist und keine Dogmatik, wie so gern behauptet. Für uns sind umstrittene Einzelheiten hier nicht wichtig. Bedeutsam aber ist Teilhards theologische Rezeption eines evolutiven Kosmos, der chaotisch startete und sich immer mehr ordnet und eint zu höheren Formen der Materie, des Lebens und des Geistes. Das Universum ist weit mehr als der wohlgeordnete Lebensraum, geschaffen für irdische Bewährungsjahre. Die Schöpfung ist noch im Werden, und das seit etwa 15 Milliarden Jahren. Tatsächlich wird unser Universum noch sehr sehr lange wachsen und überragende, kreative Entwicklungsschritte machen. Wir dürfen Gott nicht länger wie einen pensionierten Baumeister ansehen, der vor langer Zeit ein kolossales Monument hinstellte und es damit bewenden ließ. Pater Teilhard hatte Recht, die evolutive Dynamik schöpfungstheologisch zu deuten. Seine Antwort, darin den göttlich gesponnenen Faden in der Schöpfung zu sehen, ist heute von vielen Theologen akzeptiert – zumindest als Grundthese.

Ob das Wachstum allerdings stetig aufwärts streben wird bis zu einer höchsten Vergeistigung und Einheit, wie Teilhard glaubte, ist aus naturwissenschaftlicher Sicht sehr umstritten. Gewichtige Einsichten in das Schicksal unseres Universums sprechen dagegen. Denn im Kosmos werden sich eines Tages alle Strukturen auflösen (*Entropiezunahme*) und jedes Materieteilchen wird über kurz oder lang wieder zu dem zerstrahlen, was es beim Urknall einmal war, nämlich namenloses Lichtteilchen. Da sich unser Universum höchstwahrscheinlich für immer ausdehnen wird, bleibt am Ende ein kalter, leerer Raum, durch den ab und zu ein verirrtes Photon kreuzt. Nur die virtuelle Quantenfluktuation zeigt noch an, dass Energie nie ganz sterben wird. Vielleicht wird ein neues Universum die Nachfolge antreten, wie es vielleicht unzählige davor im unendlichen Raum schon getan haben oder sogar ständig nebeneinander tun. Möglicherweise gibt es sogar eine Fortentwicklung in der Kette der Universen. Die stabilsten und »lebensfähigsten« würden weiter existieren und letztlich für eine gigantische kosmische Evolution sorgen.[13] Solche und ähnliche Überlegungen zu *Multiversen* sind mittlerweile mehr als nur wilde Spekulationen. Ich halte sie für ausgesprochen anregend und theologisch inspirierend.

Wie dem auch sei. An einer Schöpfung des Werdens führt kein Weg mehr vorbei. Welchen Ort gab Teilhard dem *Leid* in diesem evolutiven Kosmos? Insgesamt schenkte er dem Problem wenig Aufmerksamkeit. Viele haben das schon früh bedauert und Teilhard noch zu Lebzeiten gedrängt, klare Worte zu sagen. Doch mehr als summarische Bemerkungen in einem kurzen Anhang zur zweiten Auflage seines Hauptwerkes *Der Mensch im Kosmos* und einige Sentenzen an anderer Stelle, hat er nicht geschrieben.

Teilhard spricht davon, dass das Böse, die Sünde und das Leid im Kielwasser der Evolution zu finden sind. Solange sich die Natur ordne und zunehmend zentriere, könnten Unglücksfälle und Misserfolge nicht ausbleiben. Und solange der menschliche Geist in Freiheit sucht und wählt, ist es Bosheit oder Geistesqual, die unweigerlich auftreten. »Schmerz und Schuld, Tränen und Blut« seien als Nebenprodukte oder Sekundärfolgen in Kauf zu nehmen. Ohne teuren Preis gäbe es keinen Aufstieg in der Natur.[14]

Teilhards Grundentwurf zu einer evolutionären Schöpfung ist nach wie vor ein unschätzbarer Gewinn für Theologie und Kirche. Gegen alle Kritik – die neuerdings vermehrt in Kirchenkreisen geäußert wird – muss das deutlich gesagt werden. Dennoch möchte ich Teilhards Leidverständnis etwas widersprechen. Der Hiobdichter und die biblischen wie naturwissenschaftlichen Erkenntnisse zur Schöpfung verpflichten dazu.

Es ist offenkundig: ein sich frei entwickelnder Kosmos bringt Leiden aller Art mit sich. Diese Einsicht wird heute kaum noch bestritten. Selbst im Weltkatechismus ist dieser Gedanke schon zaghaft eingeflossen. Strittig ist aber, warum Gott genau diesen beschwerlichen Weg und keinen anderen gewählt hat. Was will Gott mit dieser Schöpfung?

Wozu sind wir auf Erden? Nach Teilhard müssen wir die schon legendär gewordene Katechismusfrage mit dem Verweis auf den Endpunkt der höchsten Geistwerdung beantworten. Unser Selbstverständnis als Mensch und unsere Aufgabe wären dann festgemacht an einem fernen Ziel. Hängt der Schöpfungssinn von dieser Relation ab, von einer *Hoffnung auf*...?

Gewiss, das Hoffen auf bessere Zeiten ist urmenschlich und zum guten Teil auch sinntragend. Innerweltliche Utopien oder Jenseitserwartungen versprechen nicht nur eine segensreiche Zukunft, sie spornen auch an, dafür Kräfte und Ideen zu mobilisieren. Doch jede noch so greifbare Vision unterliegt der Gefahr, dass das Leben *hier und jetzt* abwertend zum Übergang erklärt wird nach dem Motto: Augen zu und durch! Am Morgen danach werde das wahre Leben beginnen. In diesem Punkt hat die kirchliche Tradition tiefe Spuren der Weltverneinung und Weltverachtung hinterlassen. Ich erinnere nur an die bedauerliche Auffassung vom Schöpfungsfall, der die Welt und uns Menschen wie ein zersplittertes Mosaik betrachtet. Im Gegensatz dazu ist Teilhards Position erfreulich zurückhaltend. Dennoch relativiert seine zielgebundene Kosmologie die Schöpfung »davor« als unvollkommenen Zustand. Muss der Kosmos erst Milliarden Jahre mit seiner bruchstückhaften Vielheit ringen, um irgendwann in die vollkommene Einheit münden zu können? Ist der Weg dorthin ein elegisches Präludium von gigantischer Zeitlänge?

Wir sollten das Wachstum des Kosmos nicht nach dem ontologischen Maßstab deuten: *erst unvollkommen, dann vollkommen.* Dasselbe gilt für die evolutive Reifung von uns Menschen. Solche Werturteile liegen zwar nahe, führen aber geradewegs in eine doppelte Wesensbeurteilung der Schöpfung, scharf ausgedrückt: in eine ontologische Falle. Doch diese eine Schöpfung ist die vollendete Schöpfung Gottes. Sie war es während ihrer Geburt im Urknall, so in den noch leblosen Jahrmilliarden danach, sie ist es heute genauso wie in ferner Zukunft. Vollendet meint, dass die Schöpfung von Beginn an mit allem ausgestattet ist, was sie für ihr selbständiges Wachstum durch die Zeit braucht. Gewiss, Wachstum ist ein Fortschritt, aber das bedeutet noch keine »Wesensänderung« des Kosmos. *Entfaltung, Differenzierung, Selbstorganisation, Zentrierung,* oder wie immer man es ausdrücken möchte, beschreiben eine Änderung innerhalb der Schöpfung und nicht der Schöpfung selbst.

In jeder Phase ist das Universum vollgültig die eine Schöpfung. Was es an Leid mit sich bringt, ist nicht vorläufig und nicht Nebenprodukt. Die Leiden sind Ausdruck einer kreativen Schöpfung, die in alle Richtungen wächst. Eindruckvoll haben wir gesehen, wie der Kosmos dabei unablässig mit unendlich vielen Freiheitsgraden experimentiert. Die Schöpfung ist »quicklebendig« – bis in kleinste Winkel. Sie entzieht sich beharrlich jeder noch so akribischen Berechnung und Vorausrechnung. Was im gesamten Universum bislang alles gewachsen ist, können wir nur schwach ahnen. Es genügt ein Blick auf den Sternenhimmel und in die unermesslichen Tiefen des Weltalls oder auf den biologischen Lebensreichtum um uns herum. Was sich an anderen Orten des Kosmos inzwischen entwickelt hat, können wir uns nur kühn ausmalen. Das gilt auch für die zukünftige Evolution des Lebens hier und anderswo im Universum.

Wo steht der Mensch in diesem kosmischen Konzert? Ist er Dirigent oder Publikum oder beides zugleich? Wir haben es gern, wenn uns eine Spitzenposition zugesprochen wird. Zwar wächst die Verantwortung, aber wir fühlen uns wohl bei dem Gedanken, etwas ganz Besonderes zu sein. Doch schon die Gottesrede an Hiob hat uns auf den Boden der Tatsachen zurückgeholt. Im Schöpfungsreigen gibt es keinen Vorrang und erst recht keine Vorzugsbehandlung Hiobs und des Menschen. Auch die beiden biblischen Genesiserzählungen haben die Schwingen für anthropozentrische Höhenflüge kräftig gestutzt. Was uns Menschen dennoch auszeichnet, ist die Würde *Abbild Gottes* zu sein. Einen Wesensvorrang konnten wir daraus nicht ableiten. Abbild Gottes sein ist eine Aufgabe, in dieser Schöpfung und für diese Schöpfung. Dafür wurde uns alles mitgegeben, was wir für unser Maß an Verantwortung brauchen. Vor allem: grundlegende Einsicht in Gut und Böse (Gewissen), in Zusammenhänge (Vernunft) und in eigene Entscheidungen (Freiheit) – einschließlich der Fähigkeit, danach zu handeln.

Nichts zeigt deutlicher, wie sehr wir mit der *Erde* verwurzelt sind, von der wir genommen wurden. Denn die Eigenschaften sind keine Fremdkörper, die Gott uns eigens mit auf den Weg gab, sondern es sind schöpfungsinterne Kräfte. Ich betone »Kräfte«, um nicht missverstanden zu werden. Natürlich kann Materie auf unstrukturierter Ebene weder »denken« noch frei entscheiden, noch bewusst Gutes oder Böses, besser: Richtiges/Falsches, hervorbringen. Aber es sind Potenziale, die in der Schöpfung von Anbeginn wirken. Über einen langen, tastenden Wachstumsprozess haben sie bisher eine ungeheure Lebensvielfalt und findige Überlebenstechniken erzeugt. Wir Menschen haben eine Stufe erreicht, wo uns diese Kräfte bewusst geworden sind und wo wir sie lenkend oder wertend einsetzen können.

Kritische Stimmen sehen darin ein neues Problem kosmischen Ausmaßes. Jetzt bekomme *Leid* eine hässliche Fratze und die Flut von Bosheit scheint über alle Dämme hinwegzuspülen. Hat Gott es mit uns Menschen nicht zu weit getrieben in seiner Schöpfung? Er musste das Desaster doch voraussehen! Hätte er das Projekt *Mensch* nicht schon im Planungsstadium für immer bei Seite legen müssen? Solche rhetorischen Seufzer sind uns mehrfach begegnet.

Können wir diese Schöpfung überhaupt verstehen? Müssen wir angesichts des planlosen Leids im Universum und des geplanten Leids durch uns Menschen jede Hoffnung auf Sinn fahren lassen?

VERTRAUEN IN SINN

Der Astrowissenschaftler Harald Fritzsch schreibt in seinem mehrfach aufgelegten Buch *Vom Urknall zum Zerfall* nachhaltig: »Je tiefer wir in die Strukturen des Kosmos eindringen, umso abstrakter, unanschaulicher, absurder erscheint uns seine Architektur. Unsere seit der Kindheit vertraute Welt entgleitet schrittweise; neue, bislang unbekannte Umrisse zeichnen sich ab. Die Welt der Galaxien und Quarks ist fremdartig und nur durch abstrakte Gedankengänge erfassbar – in ihrer kalten und einfachen Schönheit ist sie absurd, ohne Sinn und Ziel.« Diese Ansicht wird von modernen Naturwissenschaftlern häufig vertreten. »Schönheit« ja, aber keine, die irgendwie und irgendwo Sinn berge oder gar auf ein Ziel zusteure.

Um seine These zu untermauern beruft sich Fritzsch beispielhaft auf die Philosophen Blaise Pascal (1623–1662) und Albert Camus, die eindrucksvoll die Welt-Sinn-Misere geschildert hätten. Camus' harten Protesten sind wir schon in seiner Romanfigur des Dr. Rieux begegnet. Pascal bevorzugte eine andere Perspektive. Wie niemand zuvor formulierte er in seinen *Pensees* die Einsamkeit, Verlassenheit und kosmische Verlorenheit des Menschen. Seine glänzend geschriebenen feinfühlig-melancholischen *Gedanken* machen ihn schon lange vor Kierkegaard zum eigentlichen Vater des (christlichen) Existenzialismus. In dieser Tradition steht auch Camus, der allerdings von Gott ausdrücklich abstrahierte, um das menschliche Dasein in seiner ausweglosen Absurdität aufzeigen zu können. Zustimmend bemerkt Fritzsch: »Pascal hat Recht. Wir wissen nicht, warum die Erde existiert. Wir wissen nicht, warum das Universum sich überhaupt auf das Abenteuer der 8. Epoche einließ und nicht schon vorher seiner Entwicklung ein Ende setzte. Wir wissen nicht einmal, warum ein Urknall überhaupt stattgefunden hat. Fragen dieser Art sind wie die Frage nach der Zeit vor dem Urknall sinnlos. Von der Warte der objektiven Erkenntnis aus betrachtet, ist das Universum ohne Sinn – es ist absurd.«[15]

Das sind schroffe und desillusionierende Worte. Doch ist diese »objektive Erkenntnis« der Sinnlosigkeit zwingend, von der Fritzsch und viele seiner Kollegen immer wieder sprechen?

Ich meine nein. Das sage ich jetzt nicht nur als Theologe und Anwalt des Hiobdichters und der biblischen Schöpfungsautoren. Denn aus einer wirklich neutralen Sicht auf die Welt und den Kosmos lassen sich keine existenziellen Wertentscheidungen herauslesen.

Wer von *Sinnlosigkeit* oder *Sinn* redet, trifft eine Wahl, die er vorab schon entschieden hat. Er hat nämlich den Berg aus Fakten bereits nach links und rechts sortiert. Das Ergebnis fällt entsprechend aus. Es gibt viele Gründe, warum wir alle geneigt sind, solch vorauseilende Werturteile zu übersehen oder gleich zu verleugnen. Philosophisch ausgedrückt liegt eine Vermengung von *Sein* und *Sollen* zugrunde, von dem, was die Natur an sich *ist* und dem, was wir daraus wertend schlussfolgern. Können wir zum Beispiel aus dem angenehmen Phänomen wärmender Sonnenstrahlen messerscharf schließen, dass »Sonne« *gut* ist und nasskaltes Regenwetter *schlecht*? Umgangssprachlich sind wir daran gewöhnt. Doch ist es korrekt? Schon dem schottischen Philosophen David Hume (1711–1776) ist aufgefallen, wie fragwürdig, ja falsch, unvermittelte Fakten-Wertungen sind. Später hat man dafür den hochtrabenden Namen »naturalistischer Fehlschluss« eingeführt. Obwohl sich dahinter eine uferlose und heikle Debatte über *natürlich* und *unnatürlich* erstreckt, führt an der Grundposition kein Weg vorbei: Tatsachen-Urteile sind keine Wert-Urteile! Aus der bloßen Beschreibung von Naturphänomenen folgt nichts, dem zugleich das Werte-Etikett »es soll!« oder »es soll nicht!« verliehen werden kann. Das ist ein weiterer Schritt, der eigens begründet werden muss.

Das Theodizeeproblem ist hier unmittelbar betroffen. Denn in ihm fließen Begriffe zusammen, die einerseits nur beschreiben, andererseits aber massiv werten. Bei Hiob haben wir es zuerst beobachtet. Für ihn war lange ausgemacht, dass Gott ungerecht sei. Er strafe Unschuldige wie Schuldige, seine Schläge träfen Frevler ebenso wie Gerechte. Von vielen anderen Leidensgenossen und Denkern nach Hiob haben wir noch schlimmere Vorwürfe gehört. Sie ließen uns wie eine eiskalte Dusche frösteln. Zwar brauchen wir von Strafe nicht mehr reden, aber das Leid selbst bleibt.

Was können und müssen wir Gott ankreiden? Reicht das *Leid* für eine Anklage gegen die Güte oder Allmacht Gottes? Ja, donnern Theodizee-Kritiker, und hartgesottene Vertreter bestreiten gleich die Existenz Gottes überhaupt. Ich möchte deutlich widersprechen. Das *Leid* in der Welt können wir nicht zur »logischen« Kehrseite von Güte oder Allmacht stempeln. Die Schlussfolgerung, das immense Leid in der Welt lasse keinen liebenden Gott zu, ist schlicht unzulässig. Sie verbiegt eine Tatsachenbeschreibung unbesehen in ein negatives Werturteil. Das Wörtchen *unbesehen* ist hier wichtig. Denn in einem zweiten Schritt, der überlegt und abwägt, kann dieses Urteil sehr wohl gefällt werden. Redlicherweise muss die Theologie das zugestehen. Die Leiden sind so monströs, dass man Gott als ohnmächtig oder Hirngespinst ansehen kann. Ich betone *kann!* Der Schluss ist nicht zwingend, aber möglich. Umgekehrt gilt genauso: Trotz allen Leids kann über uns ein guter und allmächtiger Gott wachen, der seine Schöpfung und alle Kreaturen liebt. Wiederum liegt die Betonung auf *kann!* Für eine tragfähige Lebensentscheidung in die eine oder andere Richtung sind einsichtige Gründe gefragt. Vertrauen in einen guten Schöpfungssinn oder Skepsis und Sinnlosigkeit kommen nicht aus der hohlen Hand.

Lange und schmerzhaft haben uns Klagen und Argumente der Gotteskritiker begleitet. Schonungslos verdunkelten sie den Blick auf die Schöpfung und den Menschen. Schon Hiob war es ausgesprochen schwer gefallen, eine Welt zu akzeptieren, die in seinen Augen mit erheblichen Ungerechtigkeiten legiert war. Bei Augustinus und der kirchlichen Tradition verschärfte sich noch der Widerstand. Von Theodizee-Atheisten schließlich wurde viel Spott über die angeblich »gelungene« Schöpfung ausgegossen.

Doch erste Gegenargumente aus den Gottesreden an Hiob haben neues Licht geworfen, und nach den vielen Überlegungen zur Schöpfung aus biblischer und naturwissenschaftlicher Sicht sehen wir klarer. Dieser Kosmos im Werden spiegelt in seiner kreativen Vielfalt göttliche Kräfte des Wachstums und Lebens. Leiden, Schmerz und Tod sind natürliche Anteile in diesem Prozess des Werdens und Vergehens. Wir sollten sie nicht unbesehen verteufeln und zu *den* Feinden schlechthin erklären. Sie gehören zu unserer Geschöpflichkeit – ohne Leiden am Schmerz könnten wir weder leben noch überleben. Das gleiche gilt für den *Tod*. Er ist zu Unrecht theologisch in Misskredit geraten. Dass man auch anders vom Tod sprechen kann, haben uns zahlreiche Mystiker vorgemacht. Erwähnt sei nur Franz von Assisi, der in seinem Schöpfungshymnus vom *Bruder Tod* sprach. Diesem Bruder verdanken wir eine sich stets erneuernde Natur. Das Sterben steht im Dienst des Lebens und nicht das Leben in Sklaverei zum Sterben.

Es ließe sich noch viel über den lebensfördernden Aspekt von Leid sagen, doch was ist mit dem grausamen, unmäßigen, unverständlichen Leid? Gibt es nicht sinnlose Schmerzen, Krankheiten, Katastrophen? Und schafft menschliche Bosheit nicht leichtfüßig die Steigerung von »sinnlos«? Wie ratlos stehen wir vor diesen Abgründen!?

Kein Außenstehender kann und darf das Leid von Schicksalsschlägen oder Unglücken bagatellisieren. Es ist kaltherzig und zeugt von Verachtung gegenüber der persönlichen Lebensqual einzelner Menschen. Dennoch möchte ich an das erinnern, was ich zur Frage der Natur-Bewertung gesagt habe. Leiderfahrungen werden erst dann »sinnlos«, wenn sie ausdrücklich dazu gemacht werden. Gewiss, Erbeben, Fluten und viele Krankheiten sind entsetzlich grauenvoll, aber deshalb sind sie noch keine Zeugen für eine misslungene, absurde Welt oder für eine ungerechte, sinnlose Weltordnung. Die Natur an sich kann keine böse Absicht verfolgen, und bei Gott schließen wir sie aus, ebenso wie die Absicht, irgendwelche Strafen zu verteilen.

Hermann Hesse nannte das Verlangen, der grausamen Natur einen Sinn abzuzwingen, das Höchste, wozu der Mensch fähig sei. Alles andere könne das Vieh besser. Hesse will sogar in dieser gestalterischen Sinn-Suche *den* Sinn der Menschheit überhaupt erkennen. Soweit möchte ich nicht gehen, dennoch sieht Hesse Entscheidendes. Ähnlich hat es Blaise Pascal ausgedrückt, als er den Menschen ein »denkendes Schilfrohr« nannte – den Naturgewalten hilflos ausgesetzt, aber wissend um diese Situation; das mache seine Größe aus.

Es stimmt, unsere Größe dürfen wir nicht daran messen, was wir auf technischem oder ethischem Gebiet zu leisten vermögen. Die Bilanz ist wenig schmeichelhaft. Unsere wahre Größe liegt darin, dass wir einer Schöpfung vertrauen können, die im hohen Maß fordert und herausfordert. Die Gottesreden und die Schöpfungserzählungen haben keine heile Welt beschrieben. Im Gegenteil. Wir müssen unseren Lebensraum mit anderen teilen und sind in gleicher Weise den harten Gesetzen des Lebens und Überlebens unterworfen. Wir wissen darum, und wir können das Vorzeichen unseres Lebens selbst bestimmen. Die Schöpfung unterstützt uns dabei. Jeden Zauber, den wir wegen ihrer filigranen Ästhetik empfinden und jedes Staunen über ihre unbändigen Wachstumskräfte führt uns tiefer in fundamentales Vertrauen.

Ja, werden einige sagen, in der atemberaubenden Schönheit einer klaren Sternennacht oder »nur« im Schmetterlingsflug vermag ich Gottes Widerschein zu erkennen, doch sein Antlitz ist verschwunden, wenn menschliche Bosheit rast und schäumt. Wo ist Gott in solchen Zeiten?

Vor mir an der Wand hängt die Kopie eines Bildes, das als *Madonna von Stalingrad* bekannt geworden ist. Das Original befindet sich im Neubau der kriegszerstörten Kaiser-Wilhelm-Gedächtniskirche in Berlin. Der Arzt und Theologe Kurt Reuber hatte es Weihnachten 1942 im Kessel von Stalingrad auf ein Stück Papier skizziert. Anrührend zeigt das Bild die junge Mutter Maria, wie sie ihr neugeborenes Kind fest umschlingt und sich ihm zärtlich zuneigt. Beide werden von einem großen Überwurf umhüllt. Das Jesuskind und das Gesicht Mariens sind eingekuschelt wie in einer nestartigen Höhle. Am Rand des Bildes stehen die Worte: *Licht, Leben, Liebe.* Es erscheint surreal, was Reuber hier gezeichnet hat. Mitten im Kriegsgeheul aus Stahl und Bomben, Hass und Leid dieses Bild des Friedens, der Geborgenheit und Liebe. Kann man in einer solchen Hölle der Sinnlosigkeit noch auf Sinn hoffen, gar auf Sinn vertrauen?

Für mich ist die Madonna von Stalingrad ein Symbol dafür, dass wir Menschen uns nie abfinden mit Zerstörung und Töten, mit Bosheit jeder Art – sei sie heimtückisch oder unverhohlen, sei sie dumpf oder nur dumm. Das Gespür für *Leben* tief im Herzen und die Kraft, das Leben zu hüten, zu verteidigen und zu fördern, ist das größte Geschenk des Schöpfers an sein Geschöpf *Mensch*. Zugleich sehe ich daran das Antlitz Gottes, wie es sich in seiner Schöpfung für immer verankert hat.

Trotz allen Leids, mit dem die Natur uns überschüttet und trotz aller Niedertracht und Gewalt unter uns Menschen, sehe ich Gottes gütige Handschrift in dieser Schöpfung. Wir können ihr vertrauen, wie Hiob neu vertraute, als der Sturmwind der Gottesreden die düsteren Wolken vertrieben hatte und er das Morgenrot leuchten sah.

WARUM SO VIEL LEID?

Erinnern Sie sich noch an die gute Miss Betty Penrose, die ich Ihnen am Anfang des Buches vorstellte? Die Dame hatte sich in den Kopf gesetzt, keinen Geringeren als Gott höchstpersönlich vor einem irdischen Gericht auf Schadenersatz und Schmerzensgeld zu verklagen. Denn der Weltenlenker habe zugelassen, dass ein unerwarteter Gewittersturm Haus und Gut zerstörte. Das war fahrlässig und gemein von Gott, so Penrose und ihr Anwalt. Aus dem Prozess ist wahrscheinlich nichts geworden und zu dem Schaden kamen auch noch Anwaltskosten.

War das Vorhaben der Miss Penrose nur spleenig? Vordergründig ja, doch im Hintergrund türmt sich eine Problematik, die wir unter dem Namen *Theodizee* kennen gelernt haben. Die Theodizee ringt mit der Frage, wie das in seinen Erscheinungsformen zuletzt nur monströs zu nennende Leid in der Welt vereinbar ist mit dem Glauben an einen guten und allmächtigen Gott. Müsste ein guter, liebender Gott nicht das Leid verhindern, insbesondere das maßlose, grausame und sinnlose? Und wäre es für einen allmächtigen Gott nicht leicht, solches Leid zu verhindern? Warum aber ist die Welt so getränkt mit Tränen und übersät mit Gewalttat? Seit biblischer Zeit will diese bittere Frage nicht verstummen, und es scheint, als ob ihre Spitze von Jahrhundert zu Jahrhundert schärfer wird. Sie trifft den Nerv des Gottesglaubens und droht ihn zu zerstören.

Können wir Gott noch vertrauen? Meint er es tatsächlich gut mit uns und seiner Schöpfung? Oder ist es redlicher, Gott zu verabschieden nach dem Wort Stendhals: *Die einzige Entschuldigung Gottes ist, dass er nicht existiert!* Viele Denker und Dichter haben diesen Schritt ausdrücklich vollzogen. Es ist der Endpunkt eines Gotteskampfes, den nicht der Mensch, sondern Gott verliert. Schriftsteller wie Büchner und Philosophen wie Schopenhauer haben es vorgemacht. Im Feuer der Empörung haben sie Gott und

163

den Himmel verbrannt und deren Asche in den Leidenstälern der Erde verstreut. Viele namenlose Menschen finden darin Stimme und Ausdruck für ihren Schmerz einer unerträglichen Gottesfinsternis. Diese Finsternis erscheint wie ein Tunnel, in dem es weder Licht noch Entrinnen gibt. Müssen wir Gott verloren geben und muss die Theologie alle Hoffnung fahren lassen, je einen Ausgang zu finden?

Ja, dröhnen uns die entschiedenen Vertreter eines Theodizee-Atheismus entgegen. Das Dilemma zwischen der Güte und Allmacht Gottes und dem Leid in der Welt sei unlösbar und erweise sich sogar nach den Regeln der Logik als unentrinnbar widersprüchlich. Alle Vermittlungsversuche wären Luftschlösser, schön erdacht, aber unbewohnbar. Dennoch, zahllose Menschen sind nicht gewillt, ihre Hoffnung auf einen letzten Sinn fahren zu lassen. Sie halten an der Suche nach Gott fest, um klagen und anklagen zu können, um auf Trost und Hilfe und Sinn in »sinnlosem« Leid hoffen zu können.

Die Theologie ist dabei Anwältin und Betroffene zugleich. Sie steht mitten in den Ängsten und Leiden und muss Rechenschaft geben über ihren Glauben an den guten Gott. Im Prolog des Buches habe ich Ihnen eine steinige Wegstrecke angekündigt. Ein Parforceritt durch die Theodizee ist nicht möglich. Da ist die Versuchung groß, vorschnell die Segel zu streichen und nur noch Durchhalteparolen auszugeben. Etwa: Der Herrgott weiß, warum er dies so fügte oder jenes zugelassen hat. Wir müssen nur glauben und schweigen. Eine Theologie betroffenen Schweigens angesichts schlimmer Leiderfahrungen mag zwar taktvoll sein, aber sie weicht der Frage nach Gott und seiner Schöpfung aus. Auch der Hinweis: Gott ist groß, zu groß und wir sind klein, zu klein, verschleiert nur die wahre Problematik. Wir sind als Partner Gottes geschaffen mit der Fähigkeit, auf den Schöpfer zu hören und ihn anzureden. Es gibt keine unüberbrückbare Verständigungskluft zu Gott und wir dürfen sie uns auch nicht einreden.

Im alten Israel gab es einen überragenden Theologen, der sich in diesem Sinn von der Theodizeeproblematik herausfordern und inspirieren ließ: der Dichter des Hiobdramas. Sein zorniger Held Hiob hat uns in die Tiefen menschlichen Schmerzes mitge-

nommen und zugleich in schwindelnde Höhen herber Gottesanklage gewirbelt. Was er seinen drei Besucherfreunden unwirsch
an den Kopf warf und dem Himmel erbost entgegen schleuderte,
sucht seinesgleichen in der Bibel. Im wilden Eifer ließ sich der
Schmerzenmann zu Worten hinreißen, die nicht nur seine
Freunde erzürnten. Auch wir Leser sind zuweilen entsetzt und
haben den Eindruck, dass Hiob deutlich überzieht. Doch der
Dichter hat seinen Kämpfer bedächtig und klug geführt. Ohne
falsche Scheu sollte Hiob in jeden Winkel der Gott-Leid-Frage
vorstoßen, überall dorthin, wo Menschen in ihren Jammer
und ihrem Protest bereits angekommen sind. Sei es, weil sie
sich unverstanden und ausgestoßen fühlen, sei es, weil sie mit
Gott hadern und ihm offen zürnen, oder sei es, weil ihr Leiden
sie bitter, einsam und stumm gemacht hat. Der Hiobdichter
möchte all diesen Menschen Stimme geben. In der Leidensgestalt
seines Dramas sollen sie sich wiedererkennen und aufgenommen wissen.

Hiob quält sich mit Fragen, die den Glauben an Gott ins Mark
treffen: Warum? Warum tut Gott mir das an? Es ist so ungerecht!
Was habe ich verbrochen? Wofür werde ich derart gestraft? Solche
Fragen sitzen tief und verstummen nicht. Bis heute höre ich sie in
theologischen Kursen oder bei persönlichen Gesprächen in vielen
Varianten. Schlimm wird es, wenn eine akribische Schuldsuche
einsetzt und solange in der Vergangenheit gestochert wird, bis
eine vermeintliche Antwort gefunden ist. Beteiligen sich Dritte an
solcher Suche und bestärken sie gar den Betroffenen, geschieht
Widerwärtiges. Oft dämmert es nur schwach, dass solche Antworten ebenso menschenunwürdig wie gottesverachtend sind. Sie
denunzieren menschliche Schicksale und machen aus Gott einen
kleinlichen Krämer, der den ganzen Tag damit beschäftigt ist,
penibel Schulden einzutreiben oder Bons für gute Kundschaft
auszuteilen.

An dieser trügerischen bis perfiden Leiderklärung hat der
Hiobdichter kein gutes Haar gelassen. Hiob zermarterte sich das
Hirn und fand keine Schuld bei sich. Die drei Besucherfreunde
bedrängten, beschworen und drohten Hiob: Schuld müsse vor-
liegen, sonst würde Gott nicht so drakonisch strafen! Keine Tat
bleibe ohne Vergeltung durch Gott! Was dem Geschundenen auf

dem Aschenhaufen von seinen feinen Freunden aufgeladen wurde, wog felsenschwer. Doch der Hiobdichter steht seinem Kämpfer bis zum furiosen Schlussakkord bei. Die hinreißend geschriebene Streitauseinandersetzung ist ein einziges Plädoyer gegen die Verknüpfung von Leid und Strafe. Spätestens bei den Gottesreden wird es gleichsam auf ewig vom Himmel bestätigt: Die Leiden Hiobs sind keine Vergeltung! Was die Freunde so wortreich verklärten und als ehernes Gottesrecht festschreiben wollten, ist kleinkariertes Denken nach Menschenart. Dieses erlösende Machtwort Gottes gibt den Leidenden ihre Würde zurück und befreit sie von der Last einer Seelenqual, deren Schmerz »Gott« heißt.

Warum aber so viel Leid, für Hiob und für uns alle? Der Hiobdichter verweist zur Antwort in Richtung *Schöpfung*. Anschaulich stellt er in vielen farbigen Einzelstrichen den gewaltigen Schöpfungsbogen vor Augen. Hier seien die wahren Gesetze Gottes und die Spuren seines Handelns zu finden. Wer erwartet hatte, dass der Mensch dabei die Hauptrolle spielt, wurde enttäuscht. Das ist ungewöhnlich für biblische Theologie, die gern den Menschen und sein »Wohl« im Blick hat. Doch angesichts der Leidproblematik ist dem Hiobdichter eine andere Sicht wichtig. Sie schaut über das anthropozentrische Denken hinaus und nimmt die gesamte Schöpfung in den Blick. Alles zählt, nicht allein der Mensch! Das klingt hart, teilnahmslos und erscheint vielen auch grausam. Es könnte Vorwürfe bestätigen, die uns seit Hiob immer wieder begegnet sind – etwa: Kümmert sich Gott überhaupt um uns? Wo ist er denn, wenn wir hier unten im Leid verschmachten? Hätte er diese Welt und uns Menschen nicht »besser« schaffen können, besser schaffen müssen?

Für den Hiobdichter steht außer Frage: Gott hat die Schöpfung souverän nach einem guten Plan erschaffen, der unablässiges Werden und Vergehen zu rechter Zeit ermöglicht. Hiob und wir Menschen können diesen Plan nur erahnen, nicht aber ausmessen und ganz verstehen. Dennoch, die Ahnung reiche aus, um Gott und seiner Schöpfungsordnung vertrauen zu können.

Wie tragfähig ist dieses vertrauende Bekenntnis einer sinn-

vollen Schöpfung vor dem Hintergrund schlimmer Leiderfahrungen? Anders gefragt: Was hält die Schöpfung aus, bis sie
ihre Unschuld verliert? Eigentlich sollte diese Frage überflüssig sein, doch in der kirchlichen Tradition hat sie eine Antwort gefunden, die sehr bedauerlich ist. Es ist die Lehre vom
»Schöpfungsfall« durch die Ursünde unserer Stammeltern
Adam und Eva. Obwohl dieser Sturz aus der Höhe ursprünglicher Harmonie in die Untiefe von Wirrnis und Leiden inzwischen abgemildert wurde, begegnet er uns immer noch im
Katechismus. Das gilt vor allem für die Natur des Menschen
selbst. Erst *nach* der Ursünde seien wir alle dem Leiden unterworfen und müssten am Ende sterben. Leid und Tod doch eine
Strafe? Leid und Tod ein unheilvoller Nachtrag zur intakten
Schöpfung *Mensch*?

Ich halte diese Auffassung für abwegig und fatal. Sie ent-
stammt einer Sündenfall-Auslegung, die nur die Oberfläche
liest, daraus aber existenzielle Folgen ableitet. Wir haben eine
Alternative kennen gelernt. Sie wirft anderes Licht auf die
Situation des Menschen in seinem Lebensraum. Danach war
das Paradies nie so etwas wie ein Halbhimmel oder künst-
licher Schonraum, wo Adam und Eva leidfrei leben konnten
und sollten. Das Paradies war und ist diese eine Welt, diese
Schöpfung von Anfang an. Wir können in ihr vertrauensvoll leben und Gottes bergende Nähe spüren oder sie als kalt
und feindlich ansehen – als Strafe, Verbannung oder was auch
immer.

Des weiteren geht die Auffassung von einem Schöpfungsfall dem Theodizeeproblem scheu aus dem Weg. In Gottes
ursprünglicher Absicht habe ja eine leidfreie Welt gelegen. Erst
durch die Ursünde wäre in der Schöpfung eine Art Super-Gau
ausgelöst worden, dessen katastrophale Folgen eine Halbwert-
zeit bis zum Ende aller Tage hätten. Hier trägt vorrangig der
Mensch die Verantwortung für den andauernden Zustand der
Welt. Bei allem Respekt vor der Würde des Menschen: wir sind
Partner, aber nicht Sparrings-Partner Gottes. Wir können und
dürfen die Schöpfung gestalten, aber wir können sie Gott nicht
aus den Händen reißen und angezählt hinterlassen. Wie wichtig und gewichtig nehmen wir uns eigentlich? Schließlich sei

noch bemerkt, dass gegenüber den Erkenntnissen zu Geburt und Evolution des Universums ein *Schöpfungsfall* nach etwa 15 Milliarden Jahren und ein *Menschenfall* nach langem evolutivem Wachstum nur noch abstrus ist. Der entsprechende Kampf des kirchlichen Lehramts gegen Kosmologie und Evolutionsforschung war von Anfang an peinlich. Die Friedensangebote in jüngster Zeit sind erfreulich, waren aber längst überfällig. Zudem wäre es endlich an der Zeit, die Lehre vom Urstand zu revidieren und die Theodizee anders aufzulösen.

Ich möchte es deutlich sagen: Es gibt keinen Riss in der Schöpfung und auch keinen in der Natur des Menschen – es sei denn, wir wollen ihn unbedingt sehen. Das Leid im Universum muss aus der Schöpfung selbst verstanden werden. Der Hiobdichter hatte es vorgemacht, indem er alles Geschaffene wie die Partitur einer Symphonie las. Mittlerweile haben wir gelernt, darin besser zu lesen und die Symphonie tiefer zu erfassen. Beispielhaft ließen wir uns von grundlegenden Einsichten und erstaunlichen Details faszinieren. Selbst skeptische Wissenschaftler sprechen von einer unübertroffenen Ästhetik fein aufeinander abgestimmter Naturgesetze. Sie meint mehr als nur nach außen wahrnehmbare Schönheit. Es beschreibt ein Universum, das sich evolutiv auf vielen Wegen entwickelt, hin zu immer komplexeren Formen. Leben, wie wir es kennen, ist sicherlich ein Höhepunkt kreativer Entfaltung, aber höchstwahrscheinlich nicht der einzige und auch nicht der letzte.

Die alte Vorstellung einer Welt, die Gott einst fix und fertig erschaffen habe, ist tot. Sie ist so tot wie die deterministische Auffassung eines Kosmos, der bis ins Kleinste berechnet und vorausberechnet werden kann. Diese Welt wurde nicht als statische Bühne für uns Menschen entworfen. Vielmehr sind wir Teil einer kreativen Schöpfung mit eigener Daseinsberechtigung. Die besondere Würde des Menschen liegt in seinem Auftrag als *Abbild Gottes*. Das heißt: Wir sind zu fürsorgenden Verwaltern dieser Schöpfung bestellt, mit allen Rechten und Pflichten. Ich sehe darin das größte Geschenk, das Gott uns machen konnte. Er hat neben sich ein Werk frei gesetzt und uns anvertraut, damit wir in ihm und mit ihm wachsen und es zugleich verantwortlich hüten. Unsere Antwort muss eine Ethik des Lebens sein. Nur so können und dürfen wir diese Schöpfung mitgestalten und vor Schaden bewahren.

Wo ist Gott, wenn wir uns tagtäglich abmühen, Fehler machen, wenn wir an der rauen Natur leiden und zu zerbrechen drohen? Und wo ist Gott, wenn abgefeimte Bosheit von Menschen zum Himmel schreit? Schon Hiob hatte sich bitterlich über das Schweigen und die Abwesenheit Gottes beklagt. Von Osten bis Westen, von Norden bis Süden deute nichts auf Gott hin, sei nichts von ihm zu finden. Auch hier ist Hiob uns zum Bruder geworden. Sein einsamer Jammer in der Gottesfinsternis hallt durch die Geschichte, begleitet von der Klage unzähliger Menschen.

Doch die Gottesrede an Hiob lässt uns alle aufatmen. Gott ist mit seiner Schöpfung und in seiner Schöpfung. Er ist im weiten Sternenhimmel ebenso präsent wie im kleinsten Winkel auf der Erde. Alles hält seine Hand und nichts fällt aus seiner Hand. Den Widerschein seiner Nähe können wir am Glanz der Sterne erkennen, an der Majestät der Berge und der Dynamik der Meere, im Flug des Adlers und der Fruchtbarkeit allen Lebens. Auch am Menschen selbst leuchtet der Widerschein Gottes auf. Wir erkennen ihn in unseren Fähigkeiten, Gutes von Bösem zu unterscheiden, Zusammenhänge in der Welt zu entdecken, in Freiheit entscheiden zu können und im Wissen, Verantwortung gegenüber dem Leben und der gesamten Schöpfung zu besitzen.

Deshalb ist Gott überall gegenwärtig – in der stummen Schöpfung ebenso wie an unserer Seite. Ich sehe Gott sprechen, wenn wir Unrecht beim Namen nennen und uns über Gewalt empören; ich sehe ihn handeln, wenn wir uns dagegen auflehnen und für gequälte Menschen einstehen. Ich sehe Gott am Krankenbett, wenn einer nur die Hand hält oder ein gutes Wort sagt, ich sehe ihn handeln, wenn Ärzte heilen und Forscher Krankheiten bekämpfen. Ich sehe Gott, wenn Menschen sich ein Lächeln schenken und einander Kraft geben in schweren Zeiten, wenn wir uns vom Leid berühren lassen, weinen und trösten zur rechten Zeit, aushalten und aufbegehren. Ich sehe Gott in jedem Gesicht, das sucht und hofft, und in jeder Antwort, die Halt gibt und Geborgenheit schenkt.

Ich sehe Gott in jedem Funken Liebe, der in dieser Welt glüht. Und sollte einmal der letzte in eisiger Nacht verlöschen, sehe ich Gott in seiner Schöpfung brennen, um erneut Licht und Liebe zu entzünden für eine Welt, deren Sehnsucht Vertrauen in einen guten Sinn ist.

Anmerkungen

Gekürzte Literaturangaben sind im Literaturverzeichnis bibliographisch vollständig.

- Anmerkungen zum **Prolog**

1 Auf einigen US-amerikanischen Internetseiten kursiert eine kurze Meldung über diesen Fall mit dem Hinweis, Betty Penrose habe den beantragten Schadenersatz bekommen. Aus dem Inhalt, der Form und der Verbreitung dieser Meldung vermute ich, dass sie aus einer Quelle stammt, die den noch anhängigen Fall kurzerhand zum abgeschlossenen Fall gemacht hat. Falls einige Leser bei weiteren Recherchen auf gesichertere Hinweise stoßen, wäre ich für Notizen an den Verlag sehr dankbar.
2 in: Kinderbriefe an den lieben Gott, Gütersloh ⁵1983. Gesam. v. E. Marshall / St. Hample.
3 Hawking, St. W.: Eine kurze Geschichte der Zeit, S. 217.
4 Spiegelinterview: 30/1999, S. 191 und: Der Traum von der Einheit des Universums, S. 260.
5 In der Einheitsübersetzung der Bibel wird das Buch mit »Ijob« wiedergegeben. Auch die Hauptperson trägt den Namen »Ijob«. Das ist dem hebräischen Original korrekt angeglichen. Doch die Aussprache fließt uns nur schwer über die Lippen. Ich ziehe die sprachlich harmonisierte Variante *Hiob* vor, so wie sie Luther ins Deutsche einführte und wie sie in breiten Kirchenkreisen lebendig ist. Außerdem hat sich der Name literarisch rasch empfohlen und ist nicht mehr wegzudenken. Daher mögen es mir Exegeten und Sprachfreunde nachsehen, wenn ich den *Ijob* konsequent *Hiob* nennen werde.

- Anmerkungen zu: **Hiob – welch ein Schicksal!**

1 Sören Kierkegaard: hier: Auswahl aus dem Gesamtwerk des Dichters, Denkers und religiösen Redners, TB, München/Hamburg 1969, S. 269 (= Die Wiederholung 1843).
2 Josef Roth: Hiob. Roman eines einfachen Mannes (1930). Die genannten Zitate finden sich der Reihe nach auf den Seiten: 7, 162, 164f, 169, 174f, 206, 209, 217.
3 H. Kushner: Wenn guten Menschen Böses widerfährt, S. 17 f.

- Anmerkungen zu: **Licht für Hiob?**

1 Georg Fohrer: Das Buch Hiob, Gütersloh 1963, S. 322.
2 Eine Wortmeldung Hiobs habe ich unterschlagen. Es ist das kurze Weisheitslied in Kapitel 28. Diese Verse über die göttliche Weisheit werden jedoch von der großen Mehrheit der Hiob-Exegeten für sekundär gehalten. Inhalt und Sprache legen das nahe. Ich schließe mich dieser Auffassung an. Auch bringen die wenigen Verse keine Wendung in den Fall. Es ist ein Lob auf die verborgene Weisheit Gottes, die nur bei ihm allein vollständig offenbar ist.

171

- Anmerkungen zu: **Endlich! – Gott redet**

1 Wie kann Gott das zulassen? S. 57.
2 Studien zum Buch Hiob; in: ders., Wegzeichen der Hoffnung. Eine Auswahl aus seinen Schriften, Herder-TB, Freiburg 1967, S. 176–190, bes. S. 191 f.
3 Elie Wiesel: Adam oder das Geheimnis des Anfangs. Brüderliche Urgestalten, Frb. u. a. 1980, S. 229.
4 Ebd., S. 231 f.

- Anmerkungen zu: **Das Leid – die größte Herausforderung**

1 Elie Wiesel: Der Prozess von Schamgorod. Ein Stück in drei Akten.
2 Epikur: Von der Überwindung der Furcht; hrsg./übers. von O. Gigon, Zürich 1949, S. 80.
3 G.W. Leibniz: Versuche in der Theodizee über die Güte Gottes, Amsterdam 1710.
4 Voltaire (François M. Arouet): Candide oder der Optimismus, Zürich 1991 (Genf 1759).
5 In: Die Welt als Wille und Vorstellung, Bd. 1, 4. Buch, § 58. Erstveröff. 1818; neueste Ausgabe: Köln 2000. Erstes Zitat: § 59.
6 Wenn guten Menschen . . . S. 10f und 126 f.
7 Hans Jonas: Der Gottesbegriff nach Auschwitz. Eine jüdische Stimme. Suhrkamp-TB, Frankfurt a. M. 1987. Die Zitate stammen der Reihe nach aus den Seiten: 14, 20, 16, 41.
8 Die Prozesstheologie schöpft aus dem Ansatz des Mathematiker und Philosophen A.N. Withehead (1861–1947), der ein komplexes und autonomes Entwicklungsschema des Universums bzw. der Natur konzipiert hat. Prozesstheologen versuchen, den Grundgedanken mit der biblischen Botschaft abzugleichen, um die alte überkommene Gotteslehre plausibel zu transformieren. Mehr nachlesen zur Prozesstheologie können Sie z. B. in: J.B. Cobb / D.R. Griffin: Prozess-Theologie. Eine Einführung, Göttingen 1979.
9 Die Pest, Paris 1947, hier: Reinbek 1985. Zitate auf Seite 50 und 177.
10 Dantons Tod. Ein Drama; in: ders., Sämtl. Werke, Briefe und Dokumente, Bd. 1, hrsg. von H. Poschmann, (erstveröffentlicht 1835), 3. Akt, 1. Szene (S. 58).
11 Ders., Lenz, ebd., S. 242 und 248 f.
12 Fjodor M. Dostojewskij: Die Brüder Karamasow, erstveröffentlicht 1879/80, hier: München 1988, 5. Buch, 4. Kap.: Die Auflehnung 319 ff.
13 Zur Unlösbarkeit des Theodizeeproblems, in: Phil. u. Theol. 60 (1985), S. 400–409.
14 Vgl. z. B.: H. Albert: Traktat über die kritische Vernunft, Tübingen 1968; ders.: Das Elend der Theologie, Hamburg 1973; G. Streminger: Gottes Güte und die Übel der Welt, Tübingen 1992., F. Buggle: Denn sie wissen nicht, was sie glauben. Oder warum man redlicherweise nicht mehr Christ sein kann. Eine Streitschrift, Reinbek 1992, insb. S. 244 ff.

- Anmerkungen zu: **Schöpfungsharmonie oder »Sündenfall«**

1 A. Augustinus: Vom Gottesstaat (De civitate Dei), 21. Buch (S. 814 f).
2 Ebd., 12. Buch (S. 63 f).
3 Ebd., 14. Buch (S. 178 f).

4 Die angegebenen Hinweise und Zitate stammen aus dem 22. Buch (Gottesstaat), 22. Punkt: Elend und Jammer des Erdenlebens (S. 801 ff). Ähnliche und noch drastischere Bemerkungen hat Augustinus an anderen Stellen seiner Werke immer wieder gemacht (z. B. in der Schrift über die Kindertaufe und vor allem in den Schriften gegen Julian von Eclanum).

5 So genannt nach dem englischen Mönch *Pelagius*, der ab 400 in Rom wirkte. Seine Auffassung vom *Menschen*, der durch den Sündenfall *nicht* die Gnade verloren hat, *nicht* »verwundet« wurde und *nicht* dadurch erst dem Leiden unterworfen wurde, wurde auf Betreiben Augustins kirchlicherseits verurteilt. Die Auseinandersetzung um diese Position ist noch nicht an ein Ende gekommen.

6 Zitiert nach Pagels: Adam, Eva und die Schlange, S. 283.

7 Opus imperfectum 1, 25 (PL 45). Zu den beiden vorherigen Zitaten: Opus imperfectum 6,23 und Contra Julianum 3,109 (PL 44).

8 P. Brown: Der heilige Augustinus, München 1975, S. 336.

9 P. Ricoeur: Symbolik des Bösen. Phänomenologie der Schuld II, Freiburg 1971, S. 186 f.

10 C. Westermann: Genesis 1–11 (Bibl. Komm. AT I/1), Neukirchen-Vluyn ²1976, S. 323 f.

11 In: E. Moltmann-Wendel / M. Schwelein / B. Stamer: Erde Quelle Baum. Lebenssymbole in Märchen, Bibel und Kunst, Stuttgart 1994, S. 199.

12 Katechismus der Kath. Kirche Nr. 376; vgl. insgesamt 374–405.

● Anmerkungen zu: **Die Schöpfung – Einspruch und Zuspruch**

1 Die ersten drei Minuten. Der Ursprung des Universums, TB-Ausg., München 1981, S. 162.

2 Der Traum von der Einheit des Universums, S. 265.

3 B. Russel: Warum ich kein Christ bin, TB-Ausg., Reinbek 1970, S. 99.

4 Ebd., S. 23.

5 J. Monod: Zufall und Notwendigkeit, München 1971, S. 211 (= Paris 1970).

6 Das Wunder des Theismus, S. 280.

7 A. Hafink: Herausgebrachtes, Wuppertal 1969, S. 90.

8 Das Wunder des Theismus, S. 278 f.

9 Nach B. Ockinga: Die Gottesebenbildlichkeit im alten Ägypten und im Alten Testament, Reihe: Ägypten und AT 7, Wiesbaden 1984, S. 22.

10 Vgl. z.B; N. Lohfink: Die Gottesstatue; in: ders., Im Schatten deiner Flügel. Große Bibeltexte neu erschlossen, Freiburg u. a. 1999, S. 39 ff.

11 K. Löning / E. Zenger: Als Anfang schuf Gott, S. 150.

12 Vgl. ebd. Lohfink, S. 45.

● Anmerkungen zu: **Dem Schöpfungsplan auf der Spur**

1 C. Seelig: Albert Einstein. Eine dokumentarische Biografie, Zürich u. a. 1954, S. 318.

2 B. Hoffmann / H. Dukas: Einstein. Schöpfer und Rebell. TB-Ausg., Frankfurt a. M. 1979, S. 172. Einstein machte diese Bemerkung, als er nach Experimenten gefragt wurde, deren Ergebnisse sowohl zu seiner Theorie, als auch zur herkömmlichen Auffassung im Widerspruch standen. Die pfiffige Antwort Einsteins über die Raffi-

nesse Gottes wurde in Marmor gehauen und ziert seit 1930 den Aufenthaltsraum für Professoren des damals neu erbauten mathematischen Instituts der Universität Princeton.

3 Der »Doppelspalt-Versuch« ist eines der einfachsten und zugleich unverständlichsten Versuche zur *Natur* der Natur. Wer darüber mehr nachlesen will, wird in jedem Buch über moderne Physik fündig. Kurze fundierte und doch verständliche Beschreibungen finden Sie z. B. in : R. Feynman: Vom Wesen physikal. Gesetze, TB-Ausg., München ³1997, S. 160 ff.

4 R. Feynman: ebd., S. 160.

5 Einstein, A.: Briefe. Aus dem Nachlass. Hrsg. von H. Dukas und B. Hoffmann, Zürich 1981, S. 311.

6 Zitiert nach W. Heisenberg: Der Teil und das Ganze, München 1969, S. 115.

7 Vgl. A. Einstein: Mein Weltbild; hrsg. von C. Seelig, Zürich 1953, S. 7ff und 17 ff.

8 P. S. Laplace: Philosoph. Versuch über die Wahrscheinlichkeit, Leipzig 1932, S. 2 (= Paris 1812).

9 J. Gribbin: Schrödingers Kätzchen und die Suche nach der Wirklichkeit, Frankfurt a. M. 1996, S. 43. Vgl. auch ders.: Auf der Suche nach Schrödingers Katze, München ³1996.

10 Vgl. L. Smolin, Warum gibt es die Welt?, S. 301.

11 GEO 1/1999, Wer erklärt uns die Welt? Mystik und Wissenschaft kommen sich näher, S. 127–155, hier S. 148.

12 Einsteins Traum: Reinbek 1996, S. 64.

13 So profiliert z. B. L. Smolin, Warum gibt es die Welt? Die Evolution des Kosmos.

14 P. Teilhard de Chardin: Der Mensch im Kosmos, München ²1959, S. 310.

15 H. Fritzsch: Vom Urknall zum Zerfall, München ⁴1987, S. 326 f. Erstes Zitat S. 327.

Literaturverzeichnis — eine kleine Auswahl

Becker, Hansjakob: Warum? – Hiob interdisziplinär diskutiert. Vorträge Studium Generale der Joh.-Gutenberg-Universität, Mainz 1998.

Böhme, Wolfgang (Hg): Das Übel in der Evolution und die Güte Gottes. Herrenalber Texte 44, Karlsruhe 1983.

Davis, Paul: Der Plan Gottes. Die Rätsel unserer Existenz und die Wissenschaft, TB-Ausgabe, Frankfurt/M. 1996 (= New York 1992).

Ebach, Jürgen: Streiten mit Gott. Hiob. Teil 1+2; Neukirchen-Vluyn 1995/96.

Ferris, Timothy: Chaos und Notwendigkeit. Report zur Lage des Universums, München 2000 (= Simon & Schuster 1998).

Gesang, Bernward: Angeklagt Gott. Über den Versuch vom Leiden in der Welt auf die Wahrheit des Atheismus zu schließen, Tübingen 1997.

Hawking, Stephen: Das Universum in der Nußschale, Hamburg 2001.

Hawking, Stephen: Eine kurze Geschichte der Zeit. Die Suche nach der Urkraft des Universums, Reinbek 1988 (= New York 1988).

Hilpert, Konrad / Hasenhüttl, Gottfried (Hg.): Schöpfung und Selbstorganisation. Beiträge zum Gespräch zwischen Schöpfungstheologie und Naturwissenschaft, Paderborn u. a. 1999.

Kant, Immanuel: Über das Misslingen aller philosophischen Versuche in der Theodizee, in: I. Kant Werke in 10 Bände, hier Bd. 9, S. 105–124. Hrsg. von W. Weischedel, Darmstadt 1969.

Kessler, Hans: Gott und das Leid in seiner Schöpfung. Nachdenkliches zur Theodizeefrage, Würzburg 2000.

Kochanek, Hermann (Hg): Wozu das Leid? Wozu das Böse? Die Antwort von Religionen und Weltanschauungen. Paderborn 2002.

Körtner, Ulrich H. J.: Wie lange noch, wie lange? Über das Böse, Leid und Tod. Neukirchen-Vluyn 1998.

Kreiner, Armin: Gott und das Leid, Paderborn 1994.

Kühlwein, Klaus: Chaosmeister Jesus. Die Bergpredigt, Stuttgart 1999.

Kushner, Harold: Wenn guten Menschen Böses widerfährt, TB-Ausgabe, Gütersloh [4]1994, (= New York 1981)

Leibniz, G.W.: Versuche in der Theodizee über die Güte Gottes, die Freiheit und den Ursprung des Bösen, Hamburg 1968 (Phil. Bibliothek Bd. 71).

Livio, Mario: Das beschleunigte Universum. Die Expansion des Alls und die Schönheit der Wissenschaft, Stuttgart 2001.

Löning, Karl / Zenger, Erich: Als Anfang schuf Gott. Biblische Schöpfungstheologien, Düsseldorf 1997.

Mackie, John L.; Das Wunder des Theismus, Argumente für und gegen die Existenz Gottes, Reclam-TB, Stuttgart 1985 (= Oxford 1982).

Oelmüller, Willi (Hg): Theodizee – Gott vor Gericht? München 1990.

Pagels, Elaine: Adam, Eva und die Schlange. Die Theologie der Sünde, Reinbek 1991, (=New York 1988).

Roth, Josef: Hiob. Roman eines einfachen Mannes, (erstveröffentlicht: 1930) Köln [33]1996.

Smolin, Lee: Warum gibt es die Welt? Die Evolution des Kosmos, TB-Ausg., München 2002 (= Oxford 1997).

Streminger, Gerhard: Gottes Güte und die Übel der Welt. Das Theodizeeproblem, Tübingen 1992.

Vardy, Peter: Das Rätsel von Übel und Leid, München 1998 (= London 1992).

Weinberg, Steven: Der Traum von der Einheit des Universums, München 1993.

Wiesel, Elie: Der Prozess von Schamgorod (so wie er sich am 25. Febr. 1649 abgespielt hat). Ein Stück in drei Akten, Freiburg. u. a. 1987.

Zahrnt, Heinz: Wie kann Gott das zulassen? Hiob – der Mensch im Leid, München [6]1996.